LA PROPOSTA DI CONCILIAZIONE

Sommario

Capitolo I 1
LA PROPOSTA IN GENERALE 1
   1. La proposta di contratto 1
   2. Proposta e altri dichiarazioni propositive 2
   3. Accettazione 2

Capitolo II 5
LA PROPOSTA DI CONCILIAZIONE 5
   1. La proposta di conciliazione 5
   2. Obbligatorietà della proposta 6
   3. Limiti della proposta 7
   4. Responsabilità in caso di proposta illegittima 7
   5. Forma della proposta 7
   6. Comunicazione della proposta 8
   7. Tempi e modalità dell'accettazione 9
   8. Refluenze sul futuro giudizio 9
   9. Provenienza della proposta 10
   10. Mancata partecipazione delle parti al procedimento 11
   11. Contenuto della proposta 11
   12. Modifica della proposta 12

Normativa 13
   Legge 18-6-2009, n. 69 13
      Disposizioni per lo sviluppo economico, la semplificazione, la competitività nonché in materia di processo civile 13
      Art. 60 13

Decreto Legislativo 4 marzo 2010, n. 28...17
Attuazione dell'articolo 60 della legge 18 giugno 2009, n. 69, in materia di mediazione finalizzata alla conciliazione delle controversie civili e commerciali..17
    Art. 1..18
    Art. 2..19
    Art. 3..19
    Art. 4..20
    Art. 5..21
    Art. 6..25
    Art. 7..26
    Art. 8..26
    Art. 9..28
    Art. 10..29
    Art. 11..29
    Art. 12..31
    Art. 13..32
    Art. 14..33
    Art. 15..34
    Art. 16..34
    Art. 17..37
    Art. 18..40
    Art. 19..40
    Art. 20..41
    Art. 21..42
    Art. 22..43
    Art. 23..43
    Art. 24..44

Decreto interministeriale 18 ottobre 2010, n. 180 45
Regolamento recante la determinazione dei criteri e delle modalità di iscrizione e tenuta del registro degli organismi di mediazione e dell'elenco dei formatori per la mediazione, nonché l'approvazione delle indennità spettanti agli organismi, ai sensi dell'articolo 16 del decreto legislativo 4 marzo 2010, n. 28 45

    Art. 1 46

    Art. 2 47

    Art. 3 48

    Art. 4 49

    Art. 5 52

    Art. 6 53

    Art. 7 54

    Art. 8 56

    Art. 9 57

    Art. 10 58

    Art. 11 59

    Art. 12 60

    Art. 13 60

    Art. 14 60

    Art. 14-bis 61

    Art. 15 61

    Art. 16 62

    Art. 17 65

    Art. 18 66

    Art. 19 69

    Art. 20 69

    Art. 21 71

Prassi 72
Circolare 4 aprile 2011 - Regolamento di procedura e requisiti dei mediatori.
Chiarimenti 72

CAPITOLO I
LA PROPOSTA IN GENERALE

SOMMARIO: 1. La proposta di contratto - 2. Proposta e altre dichiarazioni propositive - 3. Accettazione

1. La proposta di contratto

La proposta di contratto è una dichiarazione, resa da una parte, idonea, per contenuto e forma, a determinare la conclusione di un futuro contratto, mediante la semplice accettazione del destinatario[1].
La proposta di contratto deve essere completa. Deve, cioè, contenere tutti gli elementi necessari e sufficienti per il futuro contratto.
Ad esempio, non sarebbe valida una proposta di compravendita che non indicasse il prezzo.
La proposta incompleta vale unicamente come atto di trattativa; non varrebbe a far concludere il contratto anche se fosse accettata.
La proposta non deve contenere riserve sul suo carattere impegnativo. Dal testo della proposta deve evincersi che il dichiarante si rimette al ricevente per richiederne l'accettazione. Deve avere, quindi, una attitudine vincolativa.
Se così non fosse, non si tratterebbe di una vera e propria proposta, come quando ci si limita ad inviare altri ad effettuare una proposta (ad es. "vorrei acquistare la tua casa; dimmi quanto ne vuoi").
La proposta è un atto ricettizio; per produrre effetti, deve essere portata a conoscenza del destinatario.

---

[1] BIANCA, *Il contratto*, p. 214-217; SACCO, in SACCO e DE NOVA, *Il contratto*, II, p. 325 ss,; ROPPO, *Il contratto*, p. 101 ss.; GALGANO, *Obbligazioni e contratti*, in *Diritto civile e commerciale*, p., 208.

2. Proposta e altri dichiarazioni propositive

Nella fase delle trattative ciascuna parte può assumere iniziative propositive in merito alla conclusione del futuro contratto che, di per sé, mancano di qualche elemento essenziale per essere considerate come proposta.

Tali dichiarazioni vengono comunemente designate con il termine di "invito ad offrire", "invito a trattare", "minuta", "lettera di intenti", ecc.

Ciò che differenzia la proposta vera e propria da queste dichiarazioni propositive è la completezza o la mancanza dell'attitudine vincolativa.

La lettera di intenti, ad esempio, potrebbe apparire come una proposta completa, ma nel corpo della stessa lettera viene manifestata la necessità di un successivo passaggio procedurale o di una decisione ulteriore affidata a terzi. Non si tratterà in questo caso di vera proposta, idonea alla conclusione del contratto con la semplice accettazione, mancando l'attitudine vincolativa, pur mostrando la dichiarazione tutti gli elementi necessari alla conclusione.

Altri esempi di dichiarazioni propositive che non assumono la forma di vera e propria proposta contrattuale sono le lettere di patronage, con le quali si tenta di agevolare la concessione di un credito in favore di una società controllata, o le iniziative volte a convenire i c.d. "gentlemen's agreements", tendenzialmente miranti ad accordi basati sull'onore, sulla coscienza e comunque non assumenti carattere giuridico. Un'eventuale adesione da parte del destinatario a simili forme di dichiarazioni non darà mai luogo ad un nuovo contratto, essendo l'eventuale lesione riconducibile all'area della responsabilità extracontrattuale o a quella residuale delineata dall'art. 1173 c.c.. Pertanto, le norma sulla conclusione del contratto non possono trovare in questi casi applicazione, potendo al massimo offrire semplici spunti di ragionamento.

3. Accettazione

L'accettazione, ai fini della conclusione di un contratto, deve essere conforme alla proposta. Una accettazione difforme alla proposta, varrebbe come nuova proposta[2].

---

[2] Art. 1326, comma 5, c.c.

La conformità deve essere intesa in senso oggettivo e non soggettivo, in quanto non hanno rilievo gli intenti inespressi ed occulti delle parti[3]. La dottrina ha sviluppato varie teorie in merito. Si suole distinguere in genere tra una teoria "letterale", una "sostanziale" ed una "giuridica".

Per la teoria "letterale", seguita da buona parte della dottrina[4] e dalla costante giurisprudenza della Cassazione[5], l'accettazione può essere considerata idonea a concludere il contratto solo se riprende testualmente il contenuto della proposta, manifestando sul medesimo il consenso dell'oblato[6]

Altra dottrina, ritiene preferibile parlare di una accettazione "sostanziale", sulla base delle ovvie differenze testuali che debbono esistere fra proposta ed accettazione, visto che nella prima il dichiarante deve proporre, nella seconda l'accettante deve accettare[7].

Se, ad esempio, la proposta contiene le parole "ti offro la vendita di un chilo di mele per euro 2", l'accettazione della proposta non potrà contenere le medesime parole ma sarà sufficiente che contenga l'accettazione "sostanziale" della proposta, anche con la semplice frase "accetto".

Quel che conta è la conformità sostanziale, non quella letterale. L'accettante potrà usare qualsiasi formula che sia idonea a far conoscere la sua volontà, senza fraintendimenti. Non sarà, pertanto, valida, ai fini della conclusione del contratto, una accettazione interpretativa, che voglia chiarire alcune clausole della proposta secondo una visione soggettiva. Questo genere di accettazione varrà come controproposta e non sarà idonea a far ritenere concluso il contratto. Del pari, non sarà valida una accettazione condizionata, che contenga, cioè, sia l'accettazione, sia la previsione di alcune condizioni, anche di scarso rilievo, al contratto.

In dottrina[8] si parla anche di conformità "giuridica" con questo intendendosi riferire alla conformità interpretativa, lasciando intendersi che le dichiarazioni contrattuali posso essere accertate a livello testuale,

---

[3] R. SCOGNAMIGLIO, *Dei contratti in generale*, p. 76; TRIMARCHI, *Istituzioni di diritto privato*, Milano, 2011, p. 268.
[4] NUZZO, *Predisposizione di clausole e procedimento di formazione del contratto*, p. 560; CARRESI, *Il contratto*, p. 770 ss.
[5] Ad esempio, per tutte, Cass. 24 ottobre 2003, n. 16016.
[6] D'ANGELO, *Proposta e accettazione*, p. 99.
[7] CARRESI, *Il contratto*, p. 772; MESSINEO, voce *Contratto (dir. priv.)*, in *Enc. dir.*, IX, Milano, 1961, n. p. 866; CATAUDELLA, *I contratti. Parte generale*, Torino, 2009, p. 45 ss.
[8] A.M. BENEDETTI - GRONDONA, *La conclusione del contratto*, p. 14.

interpretando ex art. 1362 ss. c.c., oppure in relazione al rispettivo "significato giuridico" complessivo.

L'opinione di gran lunga più prevalente, sia in dottrina che in giurisprudenza, ribadisce che l'accettazione debba esprimere una "totale ed incondizionata adesione"[9] al contenuto della proposta.

---

[9] CARRESI, *Il contratto*, p. 770; MESSINEO, voce *Contratto (dir. priv.)*, p. 862; MOSCO, *Difformità tra proposta contrattuale e accettazione*, Dir. e giur., 1948, p. 214 ss.; RAVAZZONI, *La formazione del contratto*, I, p. 270.

CAPITOLO II

LA PROPOSTA DI CONCILIAZIONE

SOMMARIO: 1. La proposta di conciliazione - 2. Obbligatorietà della proposta - 3. Limiti della proposta - 4. Responsabilità in caso di proposta illegittima - 5. Forma della proposta – 6. Comunicazione della proposta - 7. Tempi per l'accettazione - 8. Refluenze sul futuro giudizio

1. La proposta di conciliazione

Il mediatore ha facoltà di sottoporre una proposta di soluzione della lite alle parti ogni qual volta non si raggiunga un accordo al termine delle sessioni di mediazione.

Egli, infatti, dopo aver sentito le ragioni e gli interessi dei soggetti in causa, avrà le cognizioni utili per poter suggerire la soluzione ritenuta più idonea.

La proposta è un atto proprio del mediatore. Non va concordata, nè singolarmente, nè congiuntamente, con le parti in causa. Infatti, l'eventuale concordamento della proposta con una sola delle parti costituisce violazione degli obblighi deontologici del mediatore, cui è vietata qualsivoglia pattuizione o accordo con una sola parte.

Ma, allo stesso modo, un eventuale concordamento sul contenuto della proposta con tutte le parti della controversia deve tradursi nella stesura dell'accordo di conciliazione e non certo in una proposta. Il mediatore, infatti, qualora si avveda nel corso delle sessioni che le parti siano orientate per una particolare conclusione pattizia, ha l'obbligo di proporre la conclusione immediata dell'accordo. Se, invece, si riservasse di includere la possibile conclusione pattizia in una formale proposta, potrebbe ingenerare il sospetto che la proposta è stata avanzata solo al fine di far lievitare le spese di mediazione e, quindi, il proprio compenso.

Il fatto che la proposta sia un atto del mediatore non significa, però, che debba decidere esclusivamente lui se sottoporre alle parti una proposta o meno. Questa decisione genetica, ovverossia relativa alla genesi della

proposta, infatti, appartiene o al mediatore o alle parti concordemente (art. 11, comma 1, D.Lgs. 28/2010).
La decisione contenutistica, ovverossia relativa al contenuto negoziale, appartiene, invece, esclusivamente al mediatore.

2. Obbligatorietà della proposta

Se le parti concordemente richiedono al mediatore di formulare una proposta, questi non può rifiutarsi di formularla.
Questo si evince dal contenuto letterale dell'art. 11, comma 1, del D.Lgs. 28/2010 (*"il mediatore formula una proposta di conciliazione se le parti gliene fanno concorde richiesta"*) ove non è data al mediatore, in questo caso, alcuna facoltà di valutazione in merito alla opportunità o meno di avanzare una proposta.

In questo caso possono sorgere problemi in merito alla professionalità del mediatore. Infatti, stante la vigente normativa che consente anche ai non laureati in materie giuridiche ed economiche di esercitare la funzione di mediatore, può capitare che alla formulazione della proposta su richiesta congiunta delle parti sia chiamato un mediatore con una professionalità non adeguata.

Se, ad esempio, la proposta attiene ad una divisione ereditaria probabilmente il semplice laureato in materie letterarie incontrerà qualche difficoltà ad avanzare una congrua proposta.

A questo, però, può sopperire il regolamento di procedura dell'organismo. Infatti, a mente dell'art. 7, comma 2, lett. b) del D.M. 180/2010, il regolamento dell'organismo può prevedere che, in caso di formulazione della proposta, la stessa possa provenire da un mediatore diverso da quello che ha condotto sino ad allora la mediazione e sulla base delle sole informazioni che le parti intendono offrire al mediatore proponente.

Questa soluzione appare auspicabile almeno in quei casi in cui il mediatore non abbia la professionalità di base in relazione alla materia del contendere. Alla conduzione delle sessioni di mediazione provvederà un mediatore, alla formulazione della proposta un altro mediatore con adeguata professionalità.

Appare, conseguentemente, legittimo, per le medesime finalità, che il regolamento di procedura dell'organismo preveda una previa valutazione tecnica da parte del responsabile dell'organismo o da parte di apposito comitato scientifico. Sono, infatti, forme di cautela finalizzate al miglioramento del servizio reso dall'organismo.

3. Limiti della proposta

Il contenuto della proposta deve essere valido dal punto di vista negoziale; deve cioè condurre, in caso di accettazione, ad un valido negozio giuridico.
Non sarebbe quindi legittima una proposta contenente violazione di norme imperative, o dell'ordine pubblico o del buon costume.

4. Responsabilità in caso di proposta illegittima

La formulazione della proposta è un argomento delicatissimo per il mediatore e merita una adeguata riflessione.
Una eventuale proposta illegittima potrebbe esporre il mediatore e l'organismo a responsabilità nei confronti delle parti.
Questo indipendentemente dalla assistenza o meno dei legali.
Infatti, nel procedimento di mediazione volontaria l'assistenza del legale è consentita, ma non è obbligatoria. Le parti che partecipano al procedimento, quindi, potrebbero non avere le cognizioni legali per comprendere appieno la legittimità della proposta e le conseguenze giuridiche conseguenti alla sua accettazione.
Ma anche laddove fossero presenti i legali delle parti, la valenza che la legge riconduce alla proposta formulata dal mediatore esporrebbe comunque il mediatore a responsabilità nel caso in cui la proposta dovesse rivelarsi illegittima.
Il mediatore, quindi, dovrà farsi carico di approfondire adeguatamente la questione sottopostagli.

5. Forma della proposta

La proposta va formulata esclusivamente e rigorosamente per iscritto. Infatti, l'eventuale proposta verbale effettuata dal mediatore durante le sessioni, non ha e non potrebbe mai avere la valenza che la legge riconnette alla proposta formulata per iscritto.

6. Comunicazione della proposta

Dopo la redazione della proposta il mediatore deve comunicarla alle parti che hanno preso parte al procedimento.

Non anche ai soggetti che non vi abbiano partecipato. Infatti, questi ultimi, non avendo deciso di partecipare alla procedura non soltanto non hanno il diritto di avvantaggiarsi dall'accettazione di una proposta scaturente da un procedimento che non hanno voluto, ma hanno anche il diritto a non essere più interpellati in merito alla controversia, fino alla domanda giudiziale.

Questo vale, ovviamente, per le sole controversi scindibili, per quelle cioè che possono consentire un accordo utile anche fra alcune parti del procedimento e non con tutte.

Se, invece, la controversia è inscindibile (esempio tipico, la divisione) non potrà farsi luogo a formulazione della proposta in caso di mancata adesione di qualche parte, ad eccezione del caso in cui il regolamento di procedura dell'organismo non consenta la formulazione anche in caso di mancata adesione[10].

La comunicazione potrà farsi con ogni mezzo idoneo. Si potrà, quindi, fare una notifica tramite ufficiale giudiziario, oppure inviare una raccomandata con ricevuta di ritorno, a riprova della data di avvenuta ricezione. Potrà, infine, utilizzarsi qualsiasi strumento messo a disposizione dalle moderne tecnologie (fax, posta elettronica certificata) a condizione, comunque, che il mediatore o la segreteria dell'organismo possano verificare l'effettiva ricezione e la sua data.

La data di ricezione della proposta, infatti, riveste una notevole importanza. Infatti, è dalla data di ricezione che si conteggiano i sette giorni previsti per l'accettazione; ed è sempre dalla data di ricezione della proposta che si conteggiano le maggiori spese da addebitare alla parte soccombente o, se ricorrono gravi motivi, alla parte vittoriosa che ha rifiutato la proposta.

E' per questo motivo che si ritiene opportuno che la data di ricezione della proposta, per ciascun soggetto, vada esattamente indicata nel verbale di chiusura della procedura.

---

[10] Art. 7, comma 2, lett. c) D.I. 180/2010.

7. Tempi e modalità dell'accettazione

Dal momento della ricezione della proposta, ciascun soggetto ha sette giorni di tempo per dichiarare espressamente se intende accettare o rifiutare la proposta stessa[11].
In caso di mancata risposta, la proposta si intende rifiutata.
Deve trattarsi di una accettazione o rifiuto incondizionati. Non saranno da considerare valide accettazioni le dichiarazioni di condivisione parziale o con modifiche.
Si applica la disciplina generale di conclusione del contratto prevista dall'art. 1326 c.c., per cui:
- l'accettazione deve giungere al proponente nel termine previsto, questo caso, dalla legge[12];
- il mediatore può ritenere efficace l'accettazione tardiva, purchè ne dia immediatamente avviso all'altra parte[13];
- l'accettazione non conforme alla proposta equivale a nuova proposta[14].
Ovviamente tali principi vanno contemperati con la disciplina cogente.
Per cui, nel caso arrivi una accettazione oltre i sette giorni, il mediatore dovrà informarne tutte le parti del procedimento, comunicandone l'efficacia, nonostante il ritardo.
E ancora, l'accettazione non conferme alle proposta non varrà come proposta qualifica del mediatore, in quanto solamente il mediatore può avanzare tale proposta e non certo la parte. Varrà quindi unicamente come invito a proporre, che il mediatore potrà seguire o meno, secondo le sue valutazioni.

8. Refluenze sul futuro giudizio

In merito alle conseguenze riguardo alle spese del futuro giudizio, occorre distinguere due casi:
- la proposta corrisponde al contenuto della sentenza che definisce il futuro giudizio;
- la proposta non corrisponde al contenuto della sentenza che definisce il futuro giudizio.

---

[11] Art. 11, comma 2, secondo periodo, D.Lgs. 28/2010.
[12] Art. 1326, comma 2, c.c.;
[13] Art. 1326, comma 3, c.c.;
[14] Art. 1326, comma 5, c.c.;

Nel primo caso, cioè se c'è corrispondenza tra proposta e contenuto della sentenza, il giudice esclude la ripetizione delle spese successive alla formulazione della proposta. Deve trattarsi di corrispondenza sostanziale o di fatto. Il legislatore non ha di certo inteso riferirsi ad una corrispondenza esatta, parola per parola. Ed è anche per questo motivo che la proposta, come vedremo, deve essere più sintetica possibile e limitarsi al solo dato negoziale.

Al fine di conteggiare correttamente le spese successive alla formulazione della proposta, è importante che la data di formulazione della proposta sia certificabile; avvenga cioè per raccomandata o tramite pec o per notifica.

Il giudice condanna la parte vincitrice al rimborso delle spese sostenute dalla parte soccombente relative al periodo successivo alla formulazione della proposta e la condanna al versamento in favore del bilancio dello Stato di un'ulteriore somma di importo corrispondente al contributo unificato dovuto.

Ovviamente, queste conseguenze scattano unicamente se la parte vincitrice non ha accettato la proposta del mediatore. Se invece l'ha accettata, e l'accordo non si è raggiunto a causa della mancata accettazione della proposta da parte del soccombente, il regime delle spese sarà ordinario.

I poteri del giudice non sono facoltativi, ma obbligatori. Il giudice "esclude", "condanna". Il legislatore non rimette al giudice alcuna facoltà in merito, fermo restando ovviamente il principio, che vale sempre nel processo civile, dell'allegazione di parte. Se la parte richiede e documenta, il giudice deve. Se la parte non richiede né documenta, il giudice non deve.

Se, invece, la proposta non corrisponde interamente al contenuto della sentenza, il giudice ha facoltà, se ricorrono gravi ed eccezionali ragioni, di escludere la ripetizione delle spese sostenute dalla parte vincitrice per l'indennità corrisposta al mediatore e per il compenso dovuto all'eventuale esperto nominato.

Si tratta di una facoltà, e non di un obbligo, che il giudice, esercitandola, deve esplicitamente motivare.

9. Provenienza della proposta

La proposta proviene, di norma, dal mediatore che ha curato il procedimento.

E' consentito[15], però, che il regolamento dell'organismo possa prevedere che la proposta venga avanzata da un mediatore diverso. Occorre quindi far riferimento al regolamento di procedura dell'organismo per vedere se è stata prevista questa possibilità.

In tal caso il nuovo mediatore formula la proposta sulla base delle sole informazioni che le parti intendono offrire al mediatore proponente.

Dovrebbe quindi essere nominato un nuovo mediatore solo per la proposta, il quale primariamente informa le parti sulle conseguenze della mancata accettazione della proposta e le invita a produrre informazioni utili alla sua redazione; quindi formula la proposta. Non sono previsti ulteriori incontri.

Se la proposta viene, invece, formulata dal mediatore che ha curato il procedimento, l'invito alla produzione dei documenti non è prescritto o necessario, né utile.

Anche se viene nominato altro mediatore per la formulazione della proposta, le spese di mediazione rimangono invariate[16].

10. Mancata partecipazione delle parti al procedimento

In genere la proposta viene avanzata dal mediatore solamente se tutte le parti hanno aderito e partecipato al procedimento.

Il regolamento dell'organismo, però, può prevedere che la proposta possa essere formulata dal mediatore anche in caso di mancata partecipazione, anche di una sola parte, al procedimento di mediazione[17].

11. Contenuto della proposta

Il contenuto della proposta deve essere costituita esclusivamente dal dato negoziale di definizione della controversia.

Nient'altro.

La proposta non va assolutamente motivata.

Sono assolutamente da evitare quelle premesse tipiche delle sentenza o degli atti amministrativi, del tipo "considerato", "premesso", ecc.

Deve contenere esclusivamente il dato negoziale.

Ci sono varie ragioni che inducono a prediligere proposte sintetiche, rispetto a proposte complesse, motivate ed articolate.

---

[15] Art. 7, comma 2, lett. c) del D.I. 180/2014.
[16] Art. 16, comma 10, D.I. 180/2010.
[17] Art. 7, comma 2, lett. c) D.I. 180/2010.

Innanzitutto la possibilità confrontare il contenuto della stessa nel futuro giudizio con il contenuto della sentenza. E' di tutta evidenza che il confronto va fatto esclusivamente fra dispositivo della sentenza e contenuto negoziale della proposta, essendo ininfluente, ai fini che ci riguardano, la motivazione della sentenza stessa.

Poi, per previsione normativa. Infatti, l'art. 11, comma 2, ultimo periodo del D.Lgs. 28/2010, vieta di inserire nella proposta, salvo diverso accordo delle parti, *"alcun riferimento alle dichiarazioni rese o alle informazioni acquisite nel corso del procedimento"*.

C'è un motivo finale, da non sottovalutare. E' quello legato all'assunzioni di responsabilità cui potrebbe incorrere il mediatore e, conseguentemente, l'organismo in caso di errate informazioni o valutazioni nelle premesse o nella rivelazioni di notizie riservate.

12. Modifica della proposta

Una volta spedita la proposta, non è possibile modificarla.

Se tutte le parti richiedono al mediatore una modifica, la proposta potrà essere modifica e reinviata a tutte le parti con un mezzo che ne assicuri la certificabilità della data. La data della proposta, da riportare sul verbale, sarà in questo caso unicamente la data della nuova proposta.

Normativa

Legge 18-6-2009, n. 69

Disposizioni per lo sviluppo economico, la semplificazione, la competitività nonché in materia di processo civile [18]

Art. 60

Delega al Governo in materia di mediazione e di conciliazione delle controversie civili e commerciali [19]

[1] Il Governo è delegato ad adottare, entro sei mesi dalla data di entrata in vigore della presente legge, uno o più decreti legislativi in materia di mediazione e di conciliazione in ambito civile e commerciale.

[2] La riforma adottata ai sensi del comma 1, nel rispetto e in coerenza con la normativa comunitaria e in conformità ai princìpi e criteri direttivi di cui al comma 3, realizza il necessario coordinamento con le altre disposizioni vigenti. I decreti legislativi previsti dal comma 1 sono adottati su proposta del Ministro della giustizia e successivamente trasmessi alle Camere, ai fini dell'espressione dei pareri da parte delle Commissioni parlamentari competenti per materia e per le conseguenze di carattere finanziario, che sono resi entro il termine di trenta giorni dalla data di trasmissione, decorso il quale i decreti sono emanati anche in mancanza dei pareri. Qualora detto termine venga a scadere nei trenta

---

[18] Pubblicato nella Gazz. Uff. 19 giugno 2009, n. 140, S.O.
[19] In attuazione della delega prevista dal presente articolo vedi il D.Lgs. 4 marzo 2010, n. 28.

giorni antecedenti allo spirare del termine previsto dal comma 1 o successivamente, la scadenza di quest'ultimo è prorogata di sessanta giorni.

[3] Nell'esercizio della delega di cui al comma 1, il Governo si attiene ai seguenti princìpi e criteri direttivi:

a) prevedere che la mediazione, finalizzata alla conciliazione, abbia per oggetto controversie su diritti disponibili, senza precludere l'accesso alla giustizia;

b) prevedere che la mediazione sia svolta da organismi professionali e indipendenti, stabilmente destinati all'erogazione del servizio di conciliazione;

c) disciplinare la mediazione, nel rispetto della normativa comunitaria, anche attraverso l'estensione delle disposizioni di cui al decreto legislativo 17 gennaio 2003, n. 5, e in ogni caso attraverso l'istituzione, presso il Ministero della giustizia, senza nuovi o maggiori oneri per la finanza pubblica, di un Registro degli organismi di conciliazione, di seguito denominato «Registro», vigilati dal medesimo Ministero, fermo restando il diritto delle camere di commercio, industria, artigianato e agricoltura che hanno costituito organismi di conciliazione ai sensi dell' articolo 2 della legge 29 dicembre 1993, n. 580, ad ottenere l'iscrizione di tali organismi nel medesimo Registro;

d) prevedere che i requisiti per l'iscrizione nel Registro e per la sua conservazione siano stabiliti con decreto del Ministro della giustizia;

e) prevedere la possibilità, per i consigli degli ordini degli avvocati, di istituire, presso i tribunali, organismi di conciliazione che, per il loro funzionamento, si avvalgono del personale degli stessi consigli;

f) prevedere che gli organismi di conciliazione istituiti presso i tribunali siano iscritti di diritto nel Registro;

g) prevedere, per le controversie in particolari materie, la facoltà di istituire organismi di conciliazione presso i consigli degli ordini professionali;

h) prevedere che gli organismi di conciliazione di cui alla lettera g) siano iscritti di diritto nel Registro;

i) prevedere che gli organismi di conciliazione iscritti nel Registro possano svolgere il servizio di mediazione anche attraverso procedure telematiche;

l) per le controversie in particolari materie, prevedere la facoltà del conciliatore di avvalersi di esperti, iscritti nell'albo dei consulenti e dei periti presso i tribunali, i cui compensi sono previsti dai decreti legislativi attuativi della delega di cui al comma 1 anche con riferimento a quelli stabiliti per le consulenze e per le perizie giudiziali;

m) prevedere che le indennità spettanti ai conciliatori, da porre a carico delle parti, siano stabilite, anche con atto regolamentare, in misura maggiore per il caso in cui sia stata raggiunta la conciliazione tra le parti;

n) prevedere il dovere dell'avvocato di informare il cliente, prima dell'instaurazione del giudizio, della possibilità di avvalersi dell'istituto della conciliazione nonché di ricorrere agli organismi di conciliazione;

o) prevedere, a favore delle parti, forme di agevolazione di carattere fiscale, assicurando, al contempo, l'invarianza del gettito attraverso gli introiti derivanti al Ministero della giustizia, a decorrere dall'anno precedente l'introduzione della norma e successivamente con cadenza annuale, dal Fondo unico giustizia di cui all' articolo 2 del decreto-legge 16 settembre 2008, n. 143, convertito, con modificazioni, dalla legge 13 novembre 2008, n. 181;

p) prevedere, nei casi in cui il provvedimento che chiude il processo corrisponda interamente al contenuto dell'accordo proposto in sede di procedimento di conciliazione, che il giudice possa escludere la ripetizione delle spese sostenute dal vincitore che ha rifiutato l'accordo successivamente alla proposta dello stesso, condannandolo altresì, e nella stessa misura, al rimborso delle spese sostenute dal soccombente, salvo quanto previsto dagli articoli 92 e 96 del codice di procedura civile, e, inoltre, che possa condannare il vincitore al pagamento di un'ulteriore somma a titolo di contributo unificato ai sensi dell' articolo 9 (L) del testo unico delle disposizioni legislative e regolamentari in materia di spese di giustizia, di cui al decreto del Presidente della Repubblica 30 maggio 2002, n. 115;

q) prevedere che il procedimento di conciliazione non possa avere una durata eccedente i quattro mesi;

r) prevedere, nel rispetto del codice deontologico, un regime di incompatibilità tale da garantire la neutralità, l'indipendenza e l'imparzialità del conciliatore nello svolgimento delle sue funzioni;

s) prevedere che il verbale di conciliazione abbia efficacia esecutiva per l'espropriazione forzata, per l'esecuzione in forma specifica e costituisca titolo per l'iscrizione di ipoteca giudiziale.

Decreto Legislativo 4 marzo 2010, n. 28[20]

Attuazione dell'articolo 60 della legge 18 giugno 2009, n. 69, in materia di mediazione finalizzata alla conciliazione delle controversie civili e commerciali

IL PRESIDENTE DELLA REPUBBLICA

Visti	gli articoli 76 e 87 della Costituzione;
Visto	l'articolo 60 della legge 19 giugno 2009, n. 69, recante delega al Governo in materia di mediazione e di conciliazione delle controversie civili e commerciali;
Vista	la direttiva 2008/52/CE del Parlamento europeo e del Consiglio, del 21 maggio 2008, relativa a determinati aspetti della mediazione in materia civile e commerciale;
Vista	la preliminare deliberazione del Consiglio dei Ministri, adottata nella riunione del 28 ottobre 2009;
Acquisiti	i pareri delle competenti Commissioni della Camera dei deputati e del Senato della Repubblica;
Vista	la deliberazione del Consiglio dei Ministri, adottata nella riunione del 19 febbraio 2010;

Sulla proposta del Ministro della giustizia;

E m a n a

il seguente decreto legislativo:

---

[20] Pubblicato nella G.U. n. 53 del 5 marzo 2010.

CAPO I

DISPOSIZIONI GENERALI

Art. 1

Definizioni

[1] Ai fini del presente decreto legislativo, si intende per:
a) *mediazione*: l'attività, comunque denominata, svolta da un terzo imparziale e finalizzata ad assistere due o più soggetti nella ricerca di un accordo amichevole per la composizione di una controversia, anche con formulazione di una proposta per la risoluzione della stessa;[21]
b) *mediatore*: la persona o le persone fisiche che, individualmente o collegialmente, svolgono la mediazione rimanendo prive, in ogni caso, del potere di rendere giudizi o decisioni vincolanti per i destinatari del servizio medesimo;
c) *conciliazione*: la composizione di una controversia a seguito dello svolgimento della mediazione;
d) *organismo*: l'ente pubblico o privato, presso il quale può svolgersi il procedimento di mediazione ai sensi del presente decreto;
e) *registro*: il registro degli organismi istituto con decreto del Ministro della giustizia ai sensi dell'articolo 16 del presente decreto, nonché, sino all'emanazione di tale decreto, il registro degli organismi istituto con il decreto del Ministro della giustizia 23 luglio 2004, n. 222.

---

[21] Lettera così sostituita dall' art. 84, comma 1, lett. 0a), D.L. 21 giugno 2013, n. 69, convertito, con modificazioni, dalla L. 9 agosto 2013, n. 98; per l'applicabilità di tale disposizione vedi comma 2 dell' art. 84 del medesimo D.L. n. 69/2013.

Art. 2

Controversie oggetto di mediazione

[1] Chiunque può accedere alla mediazione per la conciliazione di una controversia civile e commerciale vertente su diritti disponibili, secondo le disposizioni del presente decreto.
[2] Il presente decreto non preclude le negoziazioni volontarie e paritetiche relative alle controversie civili e commerciali, né le procedure di reclamo previste dalle carte dei servizi.

CAPO II

DEL PROCEDIMENTO DI MEDIAZIONE

Art. 3

Disciplina applicabile e forma degli atti

[1] Al procedimento di mediazione si applica il regolamento dell'organismo scelto dalle parti.
[2] Il regolamento deve in ogni caso garantire la riservatezza del procedimento ai sensi dell'articolo 9, nonché modalità di nomina del mediatore che ne assicurano l'imparzialità e l'idoneità al corretto e sollecito espletamento dell'incarico.
[3] Gli atti del procedimento di mediazione non sono soggetti a formalità.
[4] La mediazione può svolgersi secondo modalità telematiche previste dal regolamento dell'organismo.

Art. 4

Accesso alla mediazione

[1] La domanda di mediazione relativa alle controversie di cui all'articolo 2 è presentata mediante deposito di un'istanza presso un organismo nel luogo del giudice territorialmente competente per la controversia. In caso di più domande relative alla stessa controversia, la mediazione si svolge davanti all'organismo territorialmente competente presso il quale è stata presentata la prima domanda. Per determinare il tempo della domanda si ha riguardo alla data del deposito dell'istanza.[22]

[2] L'istanza deve indicare l'organismo, le parti, l'oggetto e le ragioni della pretesa.

[3] All'atto del conferimento dell'incarico, l'avvocato è tenuto a informare l'assistito della possibilità di avvalersi del procedimento di mediazione disciplinato dal presente decreto e delle agevolazioni fiscali di cui agli articoli 17 e 20. L'avvocato informa altresì l'assistito dei casi in cui l'esperimento del procedimento di mediazione è condizione di procedibilità della domanda giudiziale. L'informazione deve essere fornita chiaramente e per iscritto. In caso di violazione degli obblighi di informazione, il contratto tra l'avvocato e l'assistito è annullabile. Il documento che contiene l'informazione è sottoscritto dall'assistito e deve essere allegato all'atto introduttivo dell'eventuale giudizio. Il giudice che verifica la mancata allegazione del documento, se non provvede ai sensi dell'articolo 5, comma 1-bis, informa la parte della facoltà di chiedere la mediazione.[23]

---

[22] Comma così sostituito dall' art. 84, comma 1, lett. 0b), D.L. 21 giugno 2013, n. 69, convertito, con modificazioni, dalla L. 9 agosto 2013, n. 98; per l'applicabilità di tale disposizione vedi il comma 2 dell' art. 84 del medesimo D.L. n. 69/2013.
[23] Comma così sostituito dall' art. 84, comma 1, lett. a), D.L. 21 giugno 2013, n. 69, convertito, con modificazioni, dalla L. 9 agosto 2013, n. 98; per l'applicabilità di tale disposizione vedi il comma 2 dell' art. 84 del medesimo D.L. n. 69/2013.

Art. 5

Condizione di procedibilità e rapporti con il processo [24] [25]

[1] Chi intende esercitare in giudizio un'azione relativa ad una controversia in materia di condominio, diritti reali, divisione, successioni ereditarie, patti di famiglia, locazione, comodato, affitto di aziende, risarcimento del danno derivante dalla circolazione di veicoli e natanti, da responsabilità medica e da diffamazione con il mezzo della stampa o con altro mezzo di pubblicità, contratti assicurativi, bancari e finanziari, è tenuto preliminarmente a esperire il procedimento di mediazione ai sensi del presente decreto ovvero il procedimento di conciliazione previsto dal decreto legislativo 8 ottobre 2007, n. 179, ovvero il procedimento istituito in attuazione dell'articolo 128-bis del testo unico delle leggi in materia bancaria e creditizia di cui al decreto legislativo 1° settembre 1993, n. 385, e successive modificazioni, per le materie ivi regolate. L'esperimento del procedimento di mediazione è condizione di procedibilità della domanda giudiziale. L'improcedibilità deve essere eccepita dal convenuto, a pena di decadenza, o rilevata d'ufficio dal giudice, non oltre la prima udienza. Il giudice ove rilevi che la mediazione è già iniziata, ma non si è conclusa, fissa la successiva udienza dopo la scadenza del termine di cui all'articolo 6. Allo stesso modo provvede quando la mediazione non è stata esperita, assegnando contestualmente alle parti il termine di quindici giorni per la presentazione della domanda di mediazione. Il presente comma non si applica alle azioni previste dagli articoli 37, 140 e 140-bis del codice del

---

[24] Il presente articolo era stato modificato dall'art. 12, comma 1, lett. a), D.L. 22 dicembre 2011, n. 212, che aveva aggiunto il comma 6-bis; successivamente tale modifica non è stata confermata dalla legge di conversione (L. 17 febbraio 2012, n. 10).
[25] La Corte costituzionale, con sentenza 24 ottobre 2012 - 06 dicembre 2012, n. 272 (Gazz. Uff. 12 dicembre 2012, n. 49, 1ª Serie speciale), ha dichiarato inammissibile la questione di legittimità costituzionale dell'art. 5 del D. Lvo 4 marzo 2010, n. 28 e dell'art. 16 del D.M. 18 ottobre 2010, n. 180, come modificato dal D.M. 6 luglio 2011, n. 145, «da soli ed anche in combinato disposto», sollevata in riferimento agli articoli 3, 24 e 111 Cost..

consumo di cui al decreto legislativo 6 settembre 2005, n. 206, e successive modificazioni.[26] [27]

[1-bis] Chi intende esercitare in giudizio un'azione relativa a una controversia in materia di condominio, diritti reali, divisione, successioni ereditarie, patti di famiglia, locazione, comodato, affitto di aziende, risarcimento del danno derivante da responsabilità medica e sanitaria e da diffamazione con il mezzo della stampa o con altro mezzo di pubblicità, contratti assicurativi, bancari e finanziari, è tenuto, assistito dall'avvocato, preliminarmente a esperire il procedimento di mediazione ai sensi del presente decreto ovvero il procedimento di conciliazione previsto dal decreto legislativo 8 ottobre 2007, n. 179, ovvero il procedimento istituito in attuazione dell'articolo 128-bis del testo unico delle leggi in materia bancaria e creditizia di cui al decreto legislativo 1° settembre 1993, n. 385, e successive modificazioni, per le materie ivi regolate. L'esperimento del procedimento di mediazione è condizione di procedibilità della domanda giudiziale. La presente disposizione ha efficacia per i quattro anni successivi alla data della sua entrata in vigore. Al termine di due anni dalla medesima data di entrata in vigore è attivato su iniziativa del Ministero della giustizia il monitoraggio degli esiti di tale sperimentazione. L'improcedibilità deve essere eccepita dal convenuto, a pena di decadenza, o rilevata d'ufficio dal giudice, non oltre la prima udienza. Il giudice ove rilevi che la mediazione è già iniziata, ma non si è conclusa, fissa la successiva udienza dopo la scadenza del termine di cui all'articolo 6. Allo stesso modo provvede quando la mediazione non è stata esperita, assegnando contestualmente alle parti il termine di quindici giorni per la presentazione della domanda di mediazione. Il presente comma non si applica alle azioni previste dagli

---

[26] La Corte costituzionale, con sentenza 24 ottobre - 6 dicembre 2012, n. 272 (Gazz. Uff. 12 dicembre 2012, n. 49 - Prima serie speciale), ha dichiarato, tra l'altro, l'illegittimità costituzionale del presente comma.
[27] Il presente comma era stato sostituito dall' art. 84, comma 1, lett. b), D.L. 21 giugno 2013, n. 69; successivamente, tale modifica non è stata confermata dalla legge di conversione (L. 9 agosto 2013, n. 98).

articoli 37, 140 e 140-bis del codice del consumo di cui al decreto legislativo 6 settembre 2005, n. 206, e successive modificazioni.[28]

[2] Fermo quanto previsto dal comma 1-bis e salvo quanto disposto dai commi 3 e 4, il giudice, anche in sede di giudizio di appello, valutata la natura della causa, lo stato dell'istruzione e il comportamento delle parti, può disporre l'esperimento del procedimento di mediazione; in tal caso, l'esperimento del procedimento di mediazione è condizione di procedibilità della domanda giudiziale anche in sede di appello. Il provvedimento di cui al periodo precedente è adottato prima dell'udienza di precisazione delle conclusioni ovvero, quando tale udienza non è prevista prima della discussione della causa. Il giudice fissa la successiva udienza dopo la scadenza del termine di cui all'articolo 6 e, quando la mediazione non è già stata avviata, assegna contestualmente alle parti il termine di quindici giorni per la presentazione della domanda di mediazione.[29]

[2-bis] Quando l'esperimento del procedimento di mediazione è condizione di procedibilità della domanda giudiziale la condizione si considera avverata se il primo incontro dinanzi al mediatore si conclude senza l'accordo.[30]

[3] Lo svolgimento della mediazione non preclude in ogni caso la concessione dei provvedimenti urgenti e cautelari, né la trascrizione della domanda giudiziale.

[4] I commi 1-bis e 2 non si applicano:

---

[28] Comma inserito dall' art. 84, comma 1, lett. b), D.L. 21 giugno 2013, n. 69, convertito, con modificazioni, dalla L. 9 agosto 2013, n. 98; per l'applicabilità di tale disposizione vedi il comma 2 dell' art. 84 del medesimo D.L. n. 69/2013.
[29] Comma così sostituito dall' art. 84, comma 1, lett. c), D.L. 21 giugno 2013, n. 69, convertito, con modificazioni, dalla L. 9 agosto 2013, n. 98; per l'applicabilità di tale disposizione vedi il comma 2 dell' art. 84 del medesimo D.L. n. 69/2013.
[30] Comma inserito dall' art. 84, comma 1, lett. c-bis), D.L. 21 giugno 2013, n. 69, convertito, con modificazioni, dalla L. 9 agosto 2013, n. 98; per l'applicabilità di tale disposizione vedi il comma 2 dell' art. 84 del medesimo D.L. n. 69/2013.

a) nei procedimenti per ingiunzione, inclusa l'opposizione, fino alla pronuncia sulle istanze di concessione e sospensione della provvisoria esecuzione;

b) nei procedimenti per convalida di licenza o sfratto, fino al mutamento del rito di cui all'articolo 667 del codice di procedura civile;

c) nei procedimenti di consulenza tecnica preventiva ai fini della composizione della lite, di cui all'articolo 696-bis del codice di procedura civile;

d) nei procedimenti possessori, fino alla pronuncia dei provvedimenti di cui all'articolo 703, terzo comma, del codice di procedura civile;

e) nei procedimenti di opposizione o incidentali di cognizione relativi all'esecuzione forzata;

f) nei procedimenti in camera di consiglio;

g) nell'azione civile esercitata nel processo penale.[31]

[5] Fermo quanto previsto dal comma 1-bis e salvo quanto disposto dai commi 3 e 4, se il contratto, lo statuto ovvero l'atto costitutivo dell'ente prevedono una clausola di mediazione o conciliazione e il tentativo non risulta esperito, il giudice o l'arbitro, su eccezione di parte, proposta nella prima difesa, assegna alle parti il termine di quindici giorni per la presentazione della domanda di mediazione e fissa la successiva udienza dopo la scadenza del termine di cui all'articolo 6. Allo stesso modo il giudice o l'arbitro fissa la successiva udienza quando la mediazione o il tentativo di conciliazione sono iniziati, ma non conclusi. La domanda è presentata davanti all'organismo indicato dalla clausola, se iscritto nel registro, ovvero, in mancanza, davanti ad un altro organismo iscritto, fermo il rispetto del criterio di cui all'articolo 4, comma 1. In

---

[31] Comma così sostituito dall' art. 84, comma 1, lett. d), D.L. 21 giugno 2013, n. 69, convertito, con modificazioni, dalla L. 9 agosto 2013, n. 98; per l'applicabilità di tale disposizione vedi il comma 2 dell' art. 84 del medesimo D.L. n. 69/2013.

ogni caso, le parti possono concordare, successivamente al contratto o allo statuto o all'atto costitutivo, l'individuazione di un diverso organismo iscritto.[32]

[6] Dal momento della comunicazione alle altre parti, la domanda di mediazione produce sulla prescrizione gli effetti della domanda giudiziale. Dalla stessa data, la domanda di mediazione impedisce altresì la decadenza per una sola volta, ma se il tentativo fallisce la domanda giudiziale deve essere proposta entro il medesimo termine di decadenza, decorrente dal deposito del verbale di cui all'articolo 11 presso la segreteria dell'organismo.

Art. 6

Durata

[1] Il procedimento di mediazione ha una durata non superiore a tre mesi.[33]

[2] Il termine di cui al comma 1 decorre dalla data di deposito della domanda di mediazione, ovvero dalla scadenza di quello fissato dal giudice per il deposito della stessa e, anche nei casi in cui il giudice dispone il rinvio della causa ai sensi del sesto o del settimo periodo del comma 1-bis dell'articolo 5 ovvero ai sensi del comma 2 dell'articolo 5, non è soggetto a sospensione feriale.[34]

---

[32] Comma così sostituito dall' art. 84, comma 1, lett. e), D.L. 21 giugno 2013, n. 69, convertito, con modificazioni, dalla L. 9 agosto 2013, n. 98; per l'applicabilità di tale disposizione vedi il comma 2 dell'art. 84 del medesimo D.L. n. 69/2013.
[33] Comma così modificato dall' art. 84, comma 1, lett. f), D.L. 21 giugno 2013, n. 69, convertito, con modificazioni, dalla L. 9 agosto 2013, n. 98; per l'applicabilità di tale disposizione vedi il comma 2 dell'art. 84 del medesimo D.L. n. 69/2013.
[34] Comma così sostituito dall' art. 84, comma 1, lett. f-bis), D.L. 21 giugno 2013, n. 69, convertito, con modificazioni, dalla L. 9 agosto 2013, n. 98; per l'applicabilità di tale disposizione vedi il comma 2 dell'art. 84 del medesimo D.L. n. 69/2013.

Art. 7

Effetti sulla ragionevole durata del processo

[1] Il periodo di cui all'articolo 6 e il periodo del rinvio disposto dal giudice ai sensi dell'articolo 5, commi 1-bis e 2, non si computano ai fini di cui all'articolo 2 della legge 24 marzo 2001, n. 89.[35]

Art. 8

Procedimento

[1] All'atto della presentazione della domanda di mediazione, il responsabile dell'organismo designa un mediatore e fissa il primo incontro tra le parti non oltre trenta giorni dal deposito della domanda. La domanda e la data del primo incontro sono comunicate all'altra parte con ogni mezzo idoneo ad assicurarne la ricezione, anche a cura della parte istante. Al primo incontro e agli incontri successivi, fino al termine della procedura, le parti devono partecipare con l'assistenza dell'avvocato. Durante il primo incontro il mediatore chiarisce alle parti la funzione e le modalità di svolgimento della mediazione. Il mediatore, sempre nello stesso primo incontro, invita poi le parti e i loro avvocati a esprimersi sulla possibilità di iniziare la procedura di mediazione e, nel caso positivo, procede con lo svolgimento. Nelle controversie che richiedono specifiche competenze tecniche, l'organismo può nominare uno o più mediatori ausiliari.[36]

---

[35] Comma così sostituito dall' art. 84, comma 1, lett. g), D.L. 21 giugno 2013, n. 69, convertito, con modificazioni, dalla L. 9 agosto 2013, n. 98; per l'applicabilità di tale disposizione vedi il comma 2 dell' art. 84 del medesimo D.L. n. 69/2013.

[36] Comma così modificato dall' art. 84, comma 1, lett. h), D.L. 21 giugno 2013, n. 69,

[2] Il procedimento si svolge senza formalità presso la sede dell'organismo di mediazione o nel luogo indicato dal regolamento di procedura dell'organismo.

[3] Il mediatore si adopera affinché le parti raggiungano un accordo amichevole di definizione della controversia.

[4] Quando non può procedere ai sensi del comma 1, ultimo periodo, il mediatore può avvalersi di esperti iscritti negli albi dei consulenti presso i tribunali. Il regolamento di procedura dell'organismo deve prevedere le modalità di calcolo e liquidazione dei compensi spettanti agli esperti.

[4-bis] Dalla mancata partecipazione senza giustificato motivo al procedimento di mediazione, il giudice può desumere argomenti di prova nel successivo giudizio ai sensi dell'articolo 116, secondo comma, del codice di procedura civile. Il giudice condanna la parte costituita che, nei casi previsti dall'articolo 5, non ha partecipato al procedimento senza giustificato motivo, al versamento all'entrata del bilancio dello Stato di una somma di importo corrispondente al contributo unificato dovuto per il giudizio.[37]

[5] Dalla mancata partecipazione senza giustificato motivo al procedimento di mediazione il giudice può desumere argomenti di prova nel successivo giudizio ai sensi dell'articolo 116, secondo comma, del codice di procedura civile. Il giudice condanna la parte costituita che, nei casi previsti dall'articolo 5, non ha partecipato al procedimento senza giustificato motivo, al versamento all'entrata del bilancio dello Stato di una somma di importo corrispondente al contributo unificato dovuto per il giudizio.[38] [39] [40]

convertito, con modificazioni, dalla L. 9 agosto 2013, n. 98; per l'applicabilità di tale disposizione vedi il comma 2 dell' art. 84 del medesimo D.L. n. 69/2013.
[37] Comma inserito dall' art. 84, comma 1, lett. i), D.L. 21 giugno 2013, n. 69, convertito, con modificazioni, dalla L. 9 agosto 2013, n. 98; per l'applicabilità di tale disposizione vedi il comma 2 dell' art. 84 del medesimo D.L. n. 69/2013.
[38] Comma così modificato dall'art. 2, comma 35-sexies, D.L. 13 agosto 2011, n. 138,

Art. 9

Dovere di riservatezza

[1] Chiunque presta la propria opera o il proprio servizio nell'organismo o comunque nell'ambito del procedimento di mediazione è tenuto all'obbligo di riservatezza rispetto alle dichiarazioni rese e alle informazioni acquisite durante il procedimento medesimo.

[2] Rispetto alle dichiarazioni rese e alle informazioni acquisite nel corso delle sessioni separate e salvo consenso della parte dichiarante o dalla quale provengono le informazioni, il mediatore è altresì tenuto alla riservatezza nei confronti delle altre parti.

convertito, con modificazioni, dalla L. 14 settembre 2011, n. 148. Successivamente il presente comma era stato modificato dall'art. 12, comma 1, lett. b), D.L. 22 dicembre 2011, n. 212; tale modifica non è stata confermata dalla legge di conversione (L. 17 febbraio 2012, n. 10).

[39] La Corte costituzionale, con sentenza 24 ottobre - 6 dicembre 2012, n. 272 (Gazz. Uff. 12 dicembre 2012, n. 49 - Prima serie speciale), ha dichiarato, tra l'altro, l'illegittimità costituzionale dell'art. 5, comma 1, D.Lgs. n. 28/2010 e in via consequenziale, ai sensi dell'art. 27, L. 11 marzo 1953, n. 87, l'illegittimità costituzionale del presente comma.

[40] La Corte costituzionale, con ordinanza 17 - 21 giugno 2013, n. 156 (Gazz. Uff. 26 giugno 2012, n. 26, 1ª Serie speciale), ha dichiarato la manifesta inammissibilità delle questioni di legittimità costituzionale degli articoli 5, comma 1, 8, comma 5, 13 e 16 sollevate, in riferimento agli articoli 3, 11, 24, 76, 77 e 111 della Costituzione, in riferimento agli articoli 6 e 13 della Convenzione europea per la salvaguardia dei diritti dell'uomo e delle libertà fondamentali (ratificata e resa esecutiva con legge 4 agosto 1955, n. 848), nonché in riferimento agli articoli 47, 52 e 53 della Carta dei diritti fondamentali dell'Unione europea.

Art. 10

Inutilizzabilità e segreto professionale

[1] Le dichiarazioni rese o le informazioni acquisite nel corso del procedimento di mediazione non possono essere utilizzate nel giudizio avente il medesimo oggetto anche parziale, iniziato, riassunto o proseguito dopo l'insuccesso della mediazione, salvo consenso della parte dichiarante o dalla quale provengono le informazioni. Sul contenuto delle stesse dichiarazioni e informazioni non è ammessa prova testimoniale e non può essere deferito giuramento decisorio.

[2] Il mediatore non può essere tenuto a deporre sul contenuto delle dichiarazioni rese e delle informazioni acquisite nel procedimento di mediazione, né davanti all'autorità giudiziaria né davanti ad altra autorità. Al mediatore si applicano le disposizioni dell'articolo 200 del codice di procedura penale e si estendono le garanzie previste per il difensore dalle disposizioni dell'articolo 103 del codice di procedura penale in quanto applicabili.

Art. 11

Conciliazione

[1] Se è raggiunto un accordo amichevole, il mediatore forma processo verbale al quale è allegato il testo dell'accordo medesimo. Quando l'accordo non è raggiunto, il mediatore può formulare una proposta di conciliazione. In ogni caso, il mediatore formula una proposta di conciliazione se le parti gliene fanno concorde richiesta in qualunque momento del procedimento. Prima della formulazione della proposta, il mediatore informa le parti delle possibili conseguenze di cui all'articolo 13.[41]

[2]   La proposta di conciliazione è comunicata alle parti per iscritto. Le parti fanno pervenire al mediatore, per iscritto ed entro sette giorni, l'accettazione o il rifiuto della proposta. In mancanza di risposta nel termine, la proposta si ha per rifiutata. Salvo diverso accordo delle parti, la proposta non può contenere alcun riferimento alle dichiarazioni rese o alle informazioni acquisite nel corso del procedimento.

[3]   Se è raggiunto l'accordo amichevole di cui al comma 1 ovvero se tutte le parti aderiscono alla proposta del mediatore, si forma processo verbale che deve essere sottoscritto dalle parti e dal mediatore, il quale certifica l'autografia della sottoscrizione delle parti o la loro impossibilità di sottoscrivere. Se con l'accordo le parti concludono uno dei contratti o compiono uno degli atti previsti dall'articolo 2643 del codice civile, per procedere alla trascrizione dello stesso la sottoscrizione del processo verbale deve essere autenticata da un pubblico ufficiale a ciò autorizzato. L'accordo raggiunto, anche a seguito della proposta, può prevedere il pagamento di una somma di denaro per ogni violazione o inosservanza degli obblighi stabiliti ovvero per il ritardo nel loro adempimento.

[4]   Se la conciliazione non riesce, il mediatore forma processo verbale con l'indicazione della proposta; il verbale è sottoscritto dalle parti e dal mediatore, il quale certifica l'autografia della sottoscrizione delle parti o la loro impossibilità di sottoscrivere. Nello stesso verbale, il mediatore dà atto della mancata partecipazione di una delle parti al procedimento di mediazione.

[5]   Il processo verbale è depositato presso la segreteria dell'organismo e di esso è rilasciata copia alle parti che lo richiedono.

---

[41] Comma così sostituito dall' art. 84, comma 1, lett. l), D.L. 21 giugno 2013, n. 69, convertito, con modificazioni, dalla L. 9 agosto 2013, n. 98; per l'applicabilità di tale disposizione vedi il comma 2 dell' art. 84 del medesimo D.L. n. 69/2013.

Art. 12

Efficacia esecutiva ed esecuzione

[1] Ove tutte le parti aderenti alla mediazione siano assistite da un avvocato, l'accordo che sia stato sottoscritto dalle parti e dagli stessi avvocati costituisce titolo esecutivo per l'espropriazione forzata, l'esecuzione per consegna e rilascio, l'esecuzione degli obblighi di fare e non fare, nonché per l'iscrizione di ipoteca giudiziale. Gli avvocati attestano e certificano la conformità dell'accordo alle norme imperative e all'ordine pubblico. In tutti gli altri casi l'accordo allegato al verbale è omologato, su istanza di parte, con decreto del presidente del tribunale, previo accertamento della regolarità formale e del rispetto delle norme imperative e dell'ordine pubblico. Nelle controversie transfrontaliere di cui all'articolo 2 della direttiva 2008/52/CE del Parlamento europeo e del Consiglio, del 21 maggio 2008, il verbale è omologato dal Presidente del tribunale nel cui circondario l'accordo deve avere esecuzione.[42]

[2] Il verbale di cui al comma 1 costituisce titolo esecutivo per l'espropriazione forzata, per l'esecuzione in forma specifica e per l'iscrizione di ipoteca giudiziale.

Art. 13

Spese processuali [43]

[1] Quando il provvedimento che definisce il giudizio corrisponde interamente al contenuto della proposta, il giudice esclude la ripetizione

---

[42] Comma così modificato dall' art. 84, comma 1, lett. m), D.L. 21 giugno 2013, n. 69, convertito, con modificazioni, dalla L. 9 agosto 2013, n. 98; per l'applicabilità di tale disposizione vedi il comma 2 dell' art. 84 del medesimo D.L. n. 69/2013.
[43] Articolo così sostituito dall' art. 84, comma 1, lett. n), D.L. 21 giugno 2013, n. 69, convertito, con modificazioni, dalla L. 9 agosto 2013, n. 98; per l'applicabilità di tale disposizione vedi il comma 2 dell' art. 84 del medesimo D.L. n. 69/2013.

delle spese sostenute dalla parte vincitrice che ha rifiutato la proposta, riferibili al periodo successivo alla formulazione della stessa, e la condanna al rimborso delle spese sostenute dalla parte soccombente relative allo stesso periodo, nonché al versamento all'entrata del bilancio dello Stato di un'ulteriore somma di importo corrispondente al contributo unificato dovuto. Resta ferma l'applicabilità degli articoli 92 e 96 del codice di procedura civile. Le disposizioni di cui al presente comma si applicano altresì alle spese per l'indennità corrisposta al mediatore e per il compenso dovuto all'esperto di cui all'articolo 8, comma 4.

[2] Quando il provvedimento che definisce il giudizio non corrisponde interamente al contenuto della proposta, il giudice, se ricorrono gravi ed eccezionali ragioni, può nondimeno escludere la ripetizione delle spese sostenute dalla parte vincitrice per l'indennità corrisposta al mediatore e per il compenso dovuto all'esperto di cui all'articolo 8, comma 4. Il giudice deve indicare esplicitamente, nella motivazione, le ragioni del provvedimento sulle spese di cui al periodo precedente.

[3] Salvo diverso accordo, le disposizioni dei commi 1 e 2 non si applicano ai procedimenti davanti agli arbitri.

Art. 14

Obblighi del mediatore

[1] Al mediatore e ai suoi ausiliari è fatto divieto di assumere diritti o obblighi connessi, direttamente o indirettamente, con gli affari trattati, fatta eccezione per quelli strettamente inerenti alla prestazione dell'opera o del servizio; è fatto loro divieto di percepire compensi direttamente dalle parti.

[2] Al mediatore è fatto, altresì, obbligo di:

sottoscrivere, per ciascun affare per il quale è designato, una dichiarazione di imparzialità secondo le formule previste dal regolamento di procedura applicabile, nonché gli ulteriori impegni eventualmente previsti dal medesimo regolamento;

informare immediatamente l'organismo e le parti delle ragioni di possibile pregiudizio all'imparzialità nello svolgimento della mediazione;

formulare le proposte di conciliazione nel rispetto del limite dell'ordine pubblico e delle norme imperative;

corrispondere immediatamente a ogni richiesta organizzativa del responsabile dell'organismo.

[3] Su istanza di parte, il responsabile dell'organismo provvede alla eventuale sostituzione del mediatore. Il regolamento individua la diversa competenza a decidere sull'istanza, quando la mediazione è svolta dal responsabile dell'organismo.

Art. 15

Mediazione nell'azione di classe

[1] Quando è esercitata l'azione di classe prevista dall'articolo 140-bis del codice del consumo, di cui al decreto legislativo 6 settembre 2005, n. 206, e successive modificazioni, la conciliazione, intervenuta dopo la scadenza del termine per l'adesione, ha effetto anche nei confronti degli aderenti che vi abbiano espressamente consentito.

CAPO III

ORGANISMI DI MEDIAZIONE

Art. 16

Organismi di mediazione e registro. Elenco dei formatori [44]

[1]　Gli enti pubblici o privati, che diano garanzie di serietà ed efficienza, sono abilitati a costituire organismi deputati, su istanza della parte interessata, a gestire il procedimento di mediazione nelle materie di cui all'articolo 2 del presente decreto. Gli organismi devono essere iscritti nel registro.

[2]　La formazione del registro e la sua revisione, l'iscrizione, la sospensione e la cancellazione degli iscritti, l'istituzione di separate sezioni del registro per la trattazione degli affari che richiedono specifiche competenze anche in materia di consumo e internazionali, nonché la determinazione delle indennità spettanti agli organismi sono disciplinati con appositi decreti del Ministro della giustizia, di concerto, relativamente alla materia del consumo, con il Ministro dello sviluppo economico. Fino all'adozione di tali decreti si applicano, in quanto compatibili, le disposizioni dei decreti del Ministro della giustizia 23 luglio 2004, n. 222 e 23 luglio 2004, n. 223. A tali disposizioni si conformano, sino alla medesima data, gli organismi di composizione extragiudiziale previsti dall'articolo 141 del codice del consumo, di cui al decreto legislativo 6 settembre 2005, n. 206, e successive modificazioni.

[3]　L'organismo, unitamente alla domanda di iscrizione nel registro, deposita presso il Ministero della giustizia il proprio regolamento di procedura e il codice etico, comunicando ogni successiva variazione. Nel regolamento devono essere previste, fermo quanto stabilito dal presente decreto, le procedure telematiche eventualmente utilizzate

---

[44] In attuazione di quanto disposto dal presente articolo vedi il D.M. 18 ottobre 2010, n. 180.

dall'organismo, in modo da garantire la sicurezza delle comunicazioni e il rispetto della riservatezza dei dati. Al regolamento devono essere allegate le tabelle delle indennità spettanti agli organismi costituiti da enti privati, proposte per l'approvazione a norma dell'articolo 17. Ai fini dell'iscrizione nel registro il Ministero della giustizia valuta l'idoneità del regolamento.

[4] La vigilanza sul registro è esercitata dal Ministero della giustizia e, con riferimento alla sezione per la trattazione degli affari in materia di consumo di cui al comma 2, anche dal Ministero dello sviluppo economico.

[4-bis] Gli avvocati iscritti all'albo sono di diritto mediatori. Gli avvocati iscritti ad organismi di mediazione devono essere adeguatamente formati in materia di mediazione e mantenere la propria preparazione con percorsi di aggiornamento teorico-pratici a ciò finalizzati, nel rispetto di quanto previsto dall'articolo 55-bis del codice deontologico forense. Dall'attuazione della presente disposizione non devono derivare nuovi o maggiori oneri a carico della finanza pubblica.[45]

[5] Presso il Ministero della giustizia è istituito, con decreto ministeriale, l'elenco dei formatori per la mediazione. Il decreto stabilisce i criteri per l'iscrizione, la sospensione e la cancellazione degli iscritti, nonché per lo svolgimento dell'attività di formazione, in modo da garantire elevati livelli di formazione dei mediatori. Con lo stesso decreto, è stabilita la data a decorrere dalla quale la partecipazione all'attività di formazione di cui al presente comma costituisce per il mediatore requisito di qualificazione professionale.

[6] L'istituzione e la tenuta del registro e dell'elenco dei formatori avvengono nell'ambito delle risorse umane, finanziarie e strumentali già esistenti, e disponibili a legislazione vigente, presso il Ministero della

---

[45] Comma inserito dall' art. 84, comma 1, lett. o), D.L. 21 giugno 2013, n. 69, convertito, con modificazioni, dalla L. 9 agosto 2013, n. 98; per l'applicabilità di tale disposizione vedi il comma 2 dell' art. 84 del medesimo D.L. n. 69/2013.

giustizia e il Ministero dello sviluppo economico, per la parte di rispettiva competenza, e, comunque, senza nuovi o maggiori oneri per il bilancio dello Stato.[46]

Art. 17

Risorse, regime tributario e indennità

[1] In attuazione dell'articolo 60, comma 3, lettera o), della legge 18 giugno 2009, n. 69, le agevolazioni fiscali previste dal presente articolo, commi 2 e 3, e dall'articolo 20, rientrano tra le finalità del Ministero della giustizia finanziabili con la parte delle risorse affluite al «Fondo unico giustizia» attribuite al predetto Ministero, ai sensi del comma 7 dell'articolo 2, lettera b), del decreto-legge 16 settembre 2008, n. 143, convertito, con modificazioni, dalla legge 13 novembre 2008, n. 181, e dei commi 3 e 4 dell'articolo 7 del decreto del Ministro dell'economia e delle finanze 30 luglio 2009, n. 127.

[2] Tutti gli atti, documenti e provvedimenti relativi al procedimento di mediazione sono esenti dall'imposta di bollo e da ogni spesa, tassa o diritto di qualsiasi specie e natura.

[3] Il verbale di accordo è esente dall'imposta di registro entro il limite di valore di 50.000 euro, altrimenti l'imposta è dovuta per la parte eccedente.

---

[46] La Corte costituzionale, con ordinanza 17 - 21 giugno 2013, n. 156 (Gazz. Uff. 26 giugno 2012, n. 26, 1ª Serie speciale), ha dichiarato la manifesta inammissibilità delle questioni di legittimità costituzionale degli articoli 5, comma 1, 8, comma 5, 13 e 16 sollevate, in riferimento agli articoli 3, 11, 24, 76, 77 e 111 della Costituzione, in riferimento agli articoli 6 e 13 della Convenzione europea per la salvaguardia dei diritti dell'uomo e delle libertà fondamentali (ratificata e resa esecutiva con legge 4 agosto 1955, n. 848), nonché in riferimento agli articoli 47, 52 e 53 della Carta dei diritti fondamentali dell'Unione europea.

[4] Fermo restando quanto previsto dai commi 5-bis e 5-ter del presente articolo, con il decreto di cui all'articolo 16, comma 2, sono determinati:

l'ammontare minimo e massimo delle indennità spettanti agli organismi pubblici, il criterio di calcolo e le modalità di ripartizione tra le parti;

i criteri per l'approvazione delle tabelle delle indennità proposte dagli organismi costituiti da enti privati;

le maggiorazioni massime dell'indennità dovute, non superiori al 25 per cento, nell'ipotesi di successo della mediazione;

le riduzioni minime delle indennità dovute nelle ipotesi in cui la mediazione è condizione di procedibilità ai sensi dell'articolo 5, comma 1-bis, ovvero è disposta dal giudice ai sensi dell'articolo 5, comma 2.[47]

[5] Quando la mediazione è condizione di procedibilità della domanda ai sensi dell'articolo 5, comma 1, all'organismo non è dovuta alcuna indennità dalla parte che si trova nelle condizioni per l'ammissione al patrocinio a spese dello Stato, ai sensi dell'articolo 76 (L) del testo unico delle disposizioni legislative e regolamentari in materia di spese di giustizia di cui al decreto del Presidente della Repubblica 30 maggio 2002, n. 115. A tale fine la parte è tenuta a depositare presso l'organismo apposita dichiarazione sostitutiva dell'atto di notorietà, la cui sottoscrizione può essere autenticata dal medesimo mediatore, nonché a produrre, a pena di inammissibilità, se l'organismo lo richiede, la documentazione necessaria a comprovare la veridicità di quanto dichiarato.[48]

---

[47] Comma così sostituito dall' art. 84, comma 1, lett. p), n. 1), D.L. 21 giugno 2013, n. 69, convertito, con modificazioni, dalla L. 9 agosto 2013, n. 98; per l'applicabilità di tale disposizione vedi il comma 2 dell' art. 84 del medesimo D.L. n. 69/2013.
[48] La Corte costituzionale, con sentenza 24 ottobre - 6 dicembre 2012, n. 272 (Gazz. Uff. 12 dicembre 2012, n. 49 - Prima serie speciale), ha dichiarato, tra l'altro, l'illegittimità costituzionale dell'art. 5, comma 1, D.Lgs. 28/2010 e in via consequenziale, ai sensi dell'art. 27, L. 11 marzo 1953, n. 87, l'illegittimità costituzionale del presente comma.

[5-bis] Quando la mediazione è condizione di procedibilità della domanda ai sensi dell'articolo 5, comma 1-bis, ovvero è disposta dal giudice ai sensi dell'articolo 5, comma 2, del presente decreto, all'organismo non è dovuta alcuna indennità dalla parte che si trova nelle condizioni per l'ammissione al patrocinio a spese dello Stato, ai sensi dell'articolo 76 (L) del testo unico delle disposizioni legislative e regolamentari in materia di spese di giustizia, di cui al decreto del Presidente della Repubblica 30 maggio 2002, n. 115, e successive modificazioni. A tale fine la parte è tenuta a depositare presso l'organismo apposita dichiarazione sostitutiva dell'atto di notorietà, la cui sottoscrizione può essere autenticata dal medesimo mediatore, nonché a produrre, a pena di inammissibilità, se l'organismo lo richiede, la documentazione necessaria a comprovare la veridicità di quanto dichiarato.[49]

[5-ter] Nel caso di mancato accordo all'esito del primo incontro, nessun compenso è dovuto per l'organismo di mediazione.[50]

[6] Il Ministero della giustizia provvede, nell'ambito delle proprie attività istituzionali, al monitoraggio delle mediazioni concernenti i soggetti esonerati dal pagamento dell'indennità di mediazione. Dei risultati di tale monitoraggio si tiene conto per la determinazione, con il decreto di cui all'articolo 16, comma 2, delle indennità spettanti agli organismi pubblici, in modo da coprire anche il costo dell'attività prestata a favore dei soggetti aventi diritto all'esonero.

[7] L'ammontare dell'indennità può essere rideterminato ogni tre anni in relazione alla variazione, accertata dall'Istituto Nazionale di Statistica,

---

[49] Comma inserito dall' art. 84, comma 1, lett. p), n. 2), D.L. 21 giugno 2013, n. 69, convertito, con modificazioni, dalla L. 9 agosto 2013, n. 98; per l'applicabilità di tale disposizione vedi il comma 2 dell' art. 84 del medesimo D.L. n. 69/2013.
[50] Comma inserito dall' art. 84, comma 1, lett. p), n. 2), D.L. 21 giugno 2013, n. 69, convertito, con modificazioni, dalla L. 9 agosto 2013, n. 98; per l'applicabilità di tale disposizione vedi il comma 2 dell' art. 84 del medesimo D.L. n. 69/2013.

dell'indice dei prezzi al consumo per le famiglie di operai e impiegati, verificatasi nel triennio precedente.

[8]   Alla copertura degli oneri derivanti dalle disposizioni dei commi 2 e 3, valutati in 5,9 milioni di euro per l'anno 2010 e 7,018 milioni di euro a decorrere dall'anno 2011, si provvede mediante corrispondente riduzione della quota delle risorse del «Fondo unico giustizia» di cui all'articolo 2, comma 7, lettera b) del decreto-legge 16 settembre 2008, n. 143, convertito, con modificazioni, dalla legge 13 novembre 2008, n. 181, che, a tale fine, resta acquisita all'entrata del bilancio dello Stato.

[9]   Il Ministro dell'economia e delle finanze provvede al monitoraggio degli oneri di cui ai commi 2 e 3 ed in caso si verifichino scostamenti rispetto alle previsioni di cui al comma 8, resta acquisito all'entrata l'ulteriore importo necessario a garantire la copertura finanziaria del maggiore onere a valere sulla stessa quota del Fondo unico giustizia di cui al comma 8.

Art. 18

Organismi presso i tribunali

[1]   I consigli degli ordini degli avvocati possono istituire organismi presso ciascun tribunale, avvalendosi di proprio personale e utilizzando i locali loro messi a disposizione dal presidente del tribunale. Gli organismi presso i tribunali sono iscritti al registro a semplice domanda, nel rispetto dei criteri stabiliti dai decreti di cui all'articolo 16.

Art. 19

Organismi presso i consigli degli ordini professionali e presso le camere di commercio

[1] I consigli degli ordini professionali possono istituire, per le materie riservate alla loro competenza, previa autorizzazione del Ministero della giustizia, organismi speciali, avvalendosi di proprio personale e utilizzando locali nella propria disponibilità.

[2] Gli organismi di cui al comma 1 e gli organismi istituiti ai sensi dell'articolo 2, comma 4, della legge 29 dicembre 1993, n. 580, dalle camere di commercio, industria, artigianato e agricoltura sono iscritti al registro a semplice domanda, nel rispetto dei criteri stabiliti dai decreti di cui all'articolo 16.

CAPO IV

DISPOSIZIONI IN MATERIA FISCALE E INFORMATIVA

Art. 20

Credito d'imposta

[1] Alle parti che corrispondono l'indennità ai soggetti abilitati a svolgere il procedimento di mediazione presso gli organismi è riconosciuto, in caso di successo della mediazione, un credito d'imposta commisurato all'indennità stessa, fino a concorrenza di euro cinquecento, determinato secondo quanto disposto dai commi 2 e 3. In caso di insuccesso della mediazione, il credito d'imposta è ridotto della metà.

[2] A decorrere dall'anno 2011, con decreto del Ministro della giustizia, entro il 30 aprile di ciascun anno, è determinato l'ammontare delle risorse a valere sulla quota del «Fondo unico giustizia» di cui all'articolo 2, comma 7, lettera b), del decreto-legge 16 settembre 2008, n. 143, convertito, con modificazioni, dalla legge 13 novembre 2008, n. 181, destinato alla copertura delle minori entrate derivanti dalla concessione del credito d'imposta di cui al comma 1 relativo alle mediazioni concluse nell'anno precedente. Con il medesimo decreto è individuato il credito d'imposta effettivamente spettante in relazione all'importo di ciascuna mediazione in misura proporzionale alle risorse stanziate e, comunque, nei limiti dell'importo indicato al comma 1.

[3] Il Ministero della giustizia comunica all'interessato l'importo del credito d'imposta spettante entro 30 giorni dal termine indicato al comma 2 per la sua determinazione e trasmette, in via telematica, all'Agenzia delle entrate l'elenco dei beneficiari e i relativi importi a ciascuno comunicati.

[4] Il credito d'imposta deve essere indicato, a pena di decadenza, nella dichiarazione dei redditi ed è utilizzabile a decorrere dalla data di ricevimento della comunicazione di cui al comma 3, in compensazione ai sensi dell'articolo 17 del decreto legislativo 9 luglio 1997, n. 241, nonché, da parte delle persone fisiche non titolari di redditi d'impresa o di lavoro autonomo, in diminuzione delle imposte sui redditi. Il credito d'imposta non dà luogo a rimborso e non concorre alla formazione del reddito ai fini delle imposte sui redditi, né del valore della produzione netta ai fini dell'imposta regionale sulle attività produttive e non rileva ai fini del rapporto di cui agli articoli 61 e 109, comma 5, del testo unico delle imposte sui redditi, di cui al decreto del Presidente della Repubblica 22 dicembre 1986, n. 917.

[5] Ai fini della copertura finanziaria delle minori entrate derivanti dal presente articolo il Ministero della giustizia provvede annualmente al versamento dell'importo corrispondente all'ammontare delle risorse

destinate ai crediti d'imposta sulla contabilità speciale n. 1778 «Agenzia delle entrate - Fondi di bilancio».

Art. 21

Informazioni al pubblico

[1] Il Ministero della giustizia cura, attraverso il Dipartimento per l'informazione e l'editoria della Presidenza del Consiglio dei Ministri e con i fondi previsti dalla legge 7 giugno 2000, n. 150, la divulgazione al pubblico attraverso apposite campagne pubblicitarie, in particolare via internet, di informazioni sul procedimento di mediazione e sugli organismi abilitati a svolgerlo.

CAPO V

ABROGAZIONI, COORDINAMENTI E DISPOSIZIONI TRANSITORIE

Art. 22

Obblighi di segnalazione per la prevenzione del sistema finanziario a scopo di riciclaggio e di finanziamento del terrorismo

[1] All'articolo 10, comma 2, lettera e), del decreto legislativo 21 novembre 2007, n. 231, dopo il numero 5) è aggiunto il seguente: «5-bis) mediazione, ai sensi dell'articolo 60 della legge 18 giugno 2009, n. 69;».

Art. 23

Abrogazioni

[1] Sono abrogati gli articoli da 38 a 40 del decreto legislativo 17 gennaio 2003, n. 5, e i rinvii operati dalla legge a tali articoli si intendono riferiti alle corrispondenti disposizioni del presente decreto.

[2] Restano ferme le disposizioni che prevedono i procedimenti obbligatori di conciliazione e mediazione, comunque denominati, nonché le disposizioni concernenti i procedimenti di conciliazione relativi alle controversie di cui all'articolo 409 del codice di procedura civile. I procedimenti di cui al periodo precedente sono esperiti in luogo di quelli previsti dal presente decreto.

Art. 24

Disposizioni transitorie e finali [51]

[1] Le disposizioni di cui all'articolo 5, comma 1, acquistano efficacia decorsi dodici mesi dalla data di entrata in vigore del presente decreto e si applicano ai processi successivamente iniziati.[52]

---

[51] La Corte costituzionale, con sentenza 24 ottobre - 6 dicembre 2012, n. 272 (Gazz. Uff. 12 dicembre 2012, n. 49 - Prima serie speciale), ha dichiarato, tra l'altro, l'illegittimità costituzionale dell'art. 5, comma 1, D.Lgs. 28/2010 e in via consequenziale, ai sensi dell'art. 27, L. 11 marzo 1953, n. 87, l'illegittimità costituzionale del presente articolo.

[52] Per la proroga del termine di cui al presente comma, vedi l'art. 2, comma 16-decies, D.L. 29 dicembre 2010, n. 225, convertito, con modificazioni, dalla L. 26 febbraio 2011, n. 10.

Il presente decreto, munito del sigillo dello Stato, sarà inserito nella Raccolta ufficiale degli atti normativi della Repubblica italiana. È fatto obbligo a chiunque spetti di osservarlo e di farlo osservare.

Decreto interministeriale 18 ottobre 2010, n. 180

Regolamento recante la determinazione dei criteri e delle modalità di iscrizione e tenuta del registro degli organismi di mediazione e dell'elenco dei formatori per la mediazione, nonché l'approvazione delle indennità spettanti agli organismi, ai sensi dell'articolo 16 del decreto legislativo 4 marzo 2010, n. 28[53]

IL MINISTRO DELLA GIUSTIZIA

di concerto con

IL MINISTRO DELLO SVILUPPO ECONOMICO

Visto   l'articolo 17, comma 3, della legge 23 agosto 1988, n. 400;
Visto   l'articolo 16 del decreto legislativo 4 marzo 2010, n. 28, recante attuazione dell'articolo 60 della legge 18 giugno 2009, n. 69, in materia di mediazione finalizzata alla conciliazione delle controversie civili e commerciali;
Udito   il parere favorevole del Consiglio di Stato, espresso dalla Sezione consultiva per gli atti normativi nell'adunanza del 22 settembre 2010;
Vista   la comunicazione alla Presidenza del Consiglio dei Ministri in data 14 ottobre 2010;

Adotta

il seguente regolamento:

---

[53] Pubblicato nella G.U. n. 258 del 4 novembre 2010.

Capo I

Disposizioni generali

Art. 1

Definizioni

[1] Ai fini del presente decreto si intende per:
a) «Ministero»: il Ministero della giustizia;
b) «decreto legislativo»: il decreto legislativo 4 marzo 2010, n. 28;
c) «mediazione»: l'attività, comunque denominata, svolta da un terzo imparziale e finalizzata ad assistere due o più soggetti sia nella ricerca di un accordo amichevole per la composizione di una controversia, sia nella formulazione di una proposta per la risoluzione della stessa;
d) «mediatore»: la persona o le persone fisiche che, individualmente o collegialmente, svolgono la mediazione rimanendo prive, in ogni caso, del potere di rendere giudizi o decisioni vincolanti per i destinatari del servizio medesimo;
e) «conciliazione»: la composizione di una controversia a seguito dello svolgimento della mediazione;
f) «organismo»: l'ente pubblico o privato, ovvero la sua articolazione, presso cui può svolgersi il procedimento di mediazione ai sensi del decreto legislativo;
g) «regolamento»: l'atto contenente l'autonoma disciplina della procedura di mediazione e dei relativi costi, adottato dall'organismo;
h) «indennità»: l'importo posto a carico degli utenti per la fruizione del servizio di mediazione fornito dagli organismi;
i) «registro»: il registro degli organismi istituito presso il Ministero;
l) «responsabile»: il responsabile della tenuta del registro e dell'elenco;

m) «formatore»: la persona o le persone fisiche che svolgono l'attività di formazione dei mediatori;
n) «enti di formazione»: gli enti pubblici e privati, ovvero le loro articolazioni, presso cui si svolge l'attività di formazione dei mediatori;
o) «responsabile scientifico»: la persona o le persone fisiche che svolgono i compiti di cui all'articolo 18, comma 2, lettera i), assicurando l'idoneità dell'attività svolta dagli enti di formazione;
p) «elenco»: l'elenco degli enti di formazione istituito presso il Ministero;
q) «ente pubblico»: la persona giuridica di diritto pubblico interno, comunitario, internazionale o straniero;
r) «ente privato»: qualsiasi soggetto di diritto privato, diverso dalla persona fisica;
s) «CCIAA»: le camere di commercio, industria, artigianato e agricoltura.

Art. 2

Oggetto

[1] Il presente decreto disciplina:
a) l'istituzione del registro presso il Ministero;
b) i criteri e le modalità di iscrizione nel registro, nonché la vigilanza, il monitoraggio, la sospensione e la cancellazione dei singoli organismi dal registro;
c) l'istituzione dell'elenco presso il Ministero;
d) i criteri e le modalità di iscrizione nell'elenco, nonché la vigilanza, il monitoraggio, la sospensione e la cancellazione degli enti di formazione dall'elenco;
e) l'ammontare minimo e massimo e il criterio di calcolo delle indennità spettanti agli organismi costituiti da enti pubblici di diritto interno, nonché i criteri per l'approvazione delle tabelle

delle indennità proposte dagli organismi costituiti dagli enti privati.

Capo II

Registro degli organismi

Art. 3

Registro

[1] É istituito il registro degli organismi abilitati a svolgere la mediazione.

[2] Il registro é tenuto presso il Ministero nell'ambito delle risorse umane, finanziarie e strumentali già esistenti presso il Dipartimento per gli affari di giustizia; ne é responsabile il direttore generale della giustizia civile, ovvero persona da lui delegata con qualifica dirigenziale o con qualifica di magistrato[54] nell'ambito della direzione generale. Il direttore generale della giustizia civile, al fine di esercitare la vigilanza, si può avvalere dell'Ispettorato generale del Ministero della giustizia.[55] Ai fini della vigilanza sulla sezione del registro per la trattazione degli affari in materia di rapporti di consumo di cui al comma 3, parte i), sezione C e parte ii), sezione C, il responsabile esercita i poteri di cui al presente decreto sentito il Ministero dello sviluppo economico.

[3] Il registro é articolato in modo da contenere le seguenti annotazioni:
parte I): enti pubblici;

---

[54] Modificato dall'art. 1, comma 1, lett. a) del D.M. 6 luglio 2011, n. 145, pubblicato sulla G.U. n. 197 del 25 agosto 2011.
[55] Periodo aggiunto dall'art. 1, comma 1, lett. b) del D.M. 6 luglio 2011, n. 145, pubblicato sulla G.U. n. 197 del 25 agosto 2011.

sezione A: elenco dei mediatori;
sezione B: elenco dei mediatori esperti nella materia internazionale;
sezione C: elenco dei mediatori esperti nella materia dei rapporti di consumo;
parte II): enti privati;
sezione A: elenco dei mediatori;
sezione B: elenco dei mediatori esperti nella materia internazionale;
sezione C: elenco dei mediatori esperti nella materia dei rapporti di consumo;
sezione D: elenco dei soci, associati, amministratori, rappresentanti degli organismi.

[4] Il responsabile cura il continuo aggiornamento dei dati.

[5] La gestione del registro avviene con modalità informatiche che assicurano la possibilità di rapida elaborazione di dati con finalità connessa ai compiti di tenuta di cui al presente decreto.

[6] Gli elenchi dei mediatori sono pubblici; l'accesso alle altre annotazioni é regolato dalle vigenti disposizioni di legge.

Art. 4

Criteri per l'iscrizione nel registro

[1] Nel registro sono iscritti, a domanda, gli organismi di mediazione costituiti da enti pubblici e privati.

[2] Il responsabile verifica la professionalità e l'efficienza dei richiedenti e, in particolare:
  a) la capacità finanziaria e organizzativa del richiedente, nonché la compatibilità dell'attività di mediazione con l'oggetto sociale o lo scopo associativo; ai fini della dimostrazione della capacità finanziaria, il richiedente deve possedere un capitale non inferiore

a 10.000 euro[56]; ai fini della dimostrazione della capacità organizzativa, il richiedente deve attestare di poter svolgere l'attività di mediazione in almeno due regioni italiane o in almeno due province della medesima regione, anche attraverso gli accordi di cui all'articolo 7, comma 2, lettera c);
b) il possesso da parte del richiedente di una polizza assicurativa di importo non inferiore a 500.000,00 euro per la responsabilità a qualunque titolo derivante dallo svolgimento dell'attività di mediazione;
c) i requisiti di onorabilità dei soci, associati, amministratori o rappresentanti dei predetti enti, conformi a quelli fissati dall'articolo 13 del decreto legislativo 24 febbraio 1998, n. 58;
d) la trasparenza amministrativa e contabile dell'organismo, ivi compreso il rapporto giuridico ed economico tra l'organismo e l'ente di cui eventualmente costituisca articolazione interna al fine della dimostrazione della necessaria autonomia finanziaria e funzionale;
e) le garanzie di indipendenza, imparzialità e riservatezza nello svolgimento del servizio di mediazione, nonché la conformità del regolamento alla legge e al presente decreto, anche per quanto attiene al rapporto giuridico con i mediatori;
f) il numero dei mediatori, non inferiore a cinque, che hanno dichiarato la disponibilità a svolgere le funzioni di mediazione per il richiedente;
g) la sede dell'organismo.

[3] Il responsabile verifica altresì:
a) i requisiti di qualificazione dei mediatori, i quali devono possedere un titolo di studio non inferiore al diploma di laurea universitaria triennale ovvero, in alternativa, devono essere iscritti a un ordine o collegio professionale;

---

[56] Comma modificato dall'art. 2 del D.M. 4 agosto 2014, n. 139, pubblicato sulla G.U. n. 221 del 23 settembre 2014.

b) il possesso, da parte dei mediatori, di una specifica formazione e di uno specifico aggiornamento almeno biennale, acquisiti presso gli enti di formazione in base all'articolo 18, nonchè la partecipazione, da parte dei mediatori, nel biennio di aggiornamento e in forma di tirocinio assistito, ad almeno venti casi di mediazione svolti presso organismi iscritti;[57]
c) il possesso, da parte dei mediatori, dei seguenti requisiti di onorabilità:
   a. non avere riportato condanne definitive per delitti non colposi o a pena detentiva non sospesa;
   b. non essere incorso nell'interdizione perpetua o temporanea dai pubblici uffici;
   c. non essere stato sottoposto a misure di prevenzione o di sicurezza;
   d. non avere riportato sanzioni disciplinari diverse dall'avvertimento;
d) la documentazione idonea a comprovare le conoscenze linguistiche necessarie, per i mediatori che intendono iscriversi negli elenchi di cui all'articolo 3, comma 3, parte i), sezione B e parte ii), sezione B.

[4] Gli organismi costituiti, anche in forma associata, dalle CCIAA e dai consigli degli ordini professionali sono iscritti su semplice domanda, all'esito della verifica della sussistenza del solo requisito di cui al comma 2, lettera b), per l'organismo e dei requisiti di cui al comma 3, per i mediatori. Per gli organismi costituiti da consigli degli ordini professionali diversi dai consigli degli ordini degli avvocati, l'iscrizione é sempre subordinata alla verifica del rilascio dell'autorizzazione da parte del responsabile, ai sensi dell'articolo 19 del decreto legislativo. Nei casi di cui al primo e al secondo periodo del presente comma, é fatto salvo quanto previsto dall'articolo 10.

---

[57] Lettera modificata dall'art. 2, comma 1, lett. a) del D.M. 6 luglio 2011, n. 145, pubblicato sulla G.U. n. 197 del 25 agosto 2011.

[5] Il possesso dei requisiti di cui ai commi 2 e 3, eccetto che per quello di cui al comma 2, lettera b), può essere attestato dall'interessato mediante autocertificazione. Il possesso del requisito di cui al comma 2, lettera b), é attestato mediante la produzione di copia della polizza assicurativa.

Art. 5

Procedimento di iscrizione

[1] Il responsabile approva il modello della domanda di iscrizione e fissa le modalità di svolgimento delle verifiche, con l'indicazione degli atti, dei documenti e dei dati di cui la domanda deve essere corredata; delle determinazioni relative é data adeguata pubblicità, anche attraverso il sito internet del Ministero. Alla domanda é, in ogni caso, allegato il regolamento di procedura, con la scheda di valutazione di cui all'articolo 7, comma 5, lettera b), e la tabella delle indennità redatta secondo i criteri stabiliti nell'articolo 16; per gli enti privati l'iscrizione nel registro comporta l'approvazione delle tariffe.

[2] La domanda e i relativi allegati, compilati secondo il modello predisposto, sono trasmessi al Ministero, anche in via telematica, con modalità che assicurano la certezza dell'avvenuto ricevimento.

[3] Il procedimento di iscrizione deve essere concluso entro quaranta giorni, decorrenti dalla data di ricevimento della domanda. La richiesta di integrazione della domanda o dei suoi allegati può essere effettuata dal responsabile per una sola volta. Dalla data in cui risulta pervenuta la documentazione integrativa richiesta, decorre un nuovo termine di venti giorni.

[4] Quando é scaduto il termine di cui al primo o al terzo periodo del comma 3 senza che il responsabile abbia provveduto, si procede comunque all'iscrizione.

Art. 6

Requisiti per l'esercizio delle funzioni di mediatore

[1] Il richiedente é tenuto ad allegare alla domanda di iscrizione l'elenco dei mediatori che si dichiarano disponibili allo svolgimento del servizio.

[2] L'elenco dei mediatori é corredato:
 a) della dichiarazione di disponibilità, sottoscritta dal mediatore e contenente l'indicazione della sezione del registro alla quale questi chiede di essere iscritto;
 b) del curriculum sintetico di ciascun mediatore, con indicazione specifica dei requisiti di cui all'articolo 4, comma 3, lettere a) e b);
 c) dell'attestazione di possesso dei requisiti di cui all'articolo 4, comma 3, lettera c);
 d) di documentazione idonea a comprovare le conoscenze linguistiche necessarie all'iscrizione nell'elenco dei mediatori esperti nella materia internazionale.

[3] Nessuno può dichiararsi disponibile a svolgere le funzioni di mediatore per più di cinque organismi.

[4] Le violazioni degli obblighi inerenti le dichiarazioni previste dal presente articolo, commesse da pubblici dipendenti o da professionisti iscritti ad albi o collegi professionali, costituiscono illecito disciplinare sanzionabile ai sensi delle rispettive normative deontologiche. Il responsabile é tenuto a informarne gli organi competenti.

Art. 7

Regolamento di procedura

[1] Il regolamento contiene l'indicazione del luogo dove si svolge il procedimento, che é derogabile con il consenso di tutte le parti, del mediatore e del responsabile dell'organismo.

[2] L'organismo può prevedere nel regolamento:
a) che il mediatore deve in ogni caso convocare personalmente le parti;
b) che, in caso di formulazione della proposta ai sensi dell'articolo 11 del decreto legislativo, la stessa può provenire da un mediatore diverso da quello che ha condotto sino ad allora la mediazione e sulla base delle sole informazioni che le parti intendono offrire al mediatore proponente, e che la proposta medesima può essere formulata dal mediatore anche in caso di mancata partecipazione di una o più parti al procedimento di mediazione;
c) la possibilità di avvalersi delle strutture, del personale e dei mediatori di altri organismi con i quali abbia raggiunto a tal fine un accordo, anche per singoli affari di mediazione, nonché di utilizzare i risultati delle negoziazioni paritetiche basate su protocolli di intesa tra le associazioni riconosciute ai sensi dell'articolo 137 del Codice del Consumo e le imprese, o loro associazioni, e aventi per oggetto la medesima controversia;
d) la formazione di separati elenchi dei mediatori suddivisi per specializzazioni in materie giuridiche;
e) che la mediazione svolta dall'organismo medesimo é limitata a specifiche materie, chiaramente individuate.

[3] Il regolamento stabilisce le cause di incompatibilità allo svolgimento dell'incarico da parte del mediatore e disciplina le conseguenze sui procedimenti in corso della sospensione o della cancellazione dell'organismo dal registro ai sensi dell'articolo 10.

[4] Il regolamento non può prevedere che l'accesso alla mediazione si svolge esclusivamente attraverso modalità telematiche.

[5] Il regolamento deve, in ogni caso, prevedere:
a) che il procedimento di mediazione può avere inizio solo dopo la sottoscrizione da parte del mediatore designato della dichiarazione di imparzialità di cui all'articolo 14, comma 2, lettera a), del decreto legislativo;
b) che, al termine del procedimento di mediazione, a ogni parte del procedimento viene consegnata idonea scheda per la valutazione del servizio; il modello della scheda deve essere allegato al regolamento, e copia della stessa, con la sottoscrizione della parte e l'indicazione delle sue generalità, deve essere trasmessa per via telematica al responsabile, con modalità che assicurano la certezza dell'avvenuto ricevimento;
c) la possibilità di comune indicazione del mediatore ad opera delle parti, ai fini della sua eventuale designazione da parte dell'organismo;
d) che, nei casi di cui all'articolo 5, comma 1, del decreto legislativo, il mediatore svolge l'incontro con la parte istante anche in mancanza di adesione della parte chiamata in mediazione, e la segreteria dell'organismo può rilasciare attestato di conclusione del procedimento solo all'esito del verbale di mancata partecipazione della medesima parte chiamata e mancato accordo, formato dal mediatore ai sensi dell'articolo 11, comma 4, del decreto legislativo;[58]
e) criteri inderogabili per l'assegnazione degli affari di mediazione predeterminati e rispettosi della specifica competenza professionale del mediatore designato, desunta anche dalla tipologia di laurea universitaria posseduta.[59]

---

[58] Lettera aggiunta dall'art. 3, comma 1, lett. a) del D.M. 6 luglio 2011, n. 145, pubblicato sulla G.U. n. 197 del 25 agosto 2011.
[59] Lettera aggiunta dall'art. 3, comma 1, lett. b) del D.M. 6 luglio 2011, n. 145, pubblicato sulla G.U. n. 197 del 25 agosto 2011.

[6] Fermo quanto previsto dall'articolo 9, comma 2, del decreto legislativo, il regolamento garantisce il diritto di accesso delle parti agli atti del procedimento di mediazione, che il responsabile dell'organismo é tenuto a custodire in apposito fascicolo debitamente registrato e numerato nell'ambito del registro degli affari di mediazione. Il diritto di accesso ha per oggetto gli atti depositati dalle parti nelle sessioni comuni ovvero, per ciascuna parte, gli atti depositati nella propria sessione separata.

[7] Non sono consentite comunicazioni riservate delle parti al solo mediatore, eccetto quelle effettuate in occasione delle sessioni separate.

[8] I dati raccolti sono trattati nel rispetto delle disposizioni del decreto legislativo 30 giugno 2003, n. 196, recante «Codice in materia di protezione dei dati personali».

Art. 8

Obblighi degli iscritti

[1] L'organismo iscritto é obbligato a comunicare immediatamente al responsabile tutte le vicende modificative dei requisiti, dei dati e degli elenchi comunicati ai fini dell'iscrizione, compreso l'adempimento dell'obbligo di aggiornamento formativo dei mediatori.

[2] Il responsabile dell'organismo é tenuto a rilasciare alle parti che gliene fanno richiesta il verbale di accordo di cui all'articolo 11, comma 3, del decreto legislativo, anche ai fini dell'istanza di omologazione del verbale medesimo.

[3] Il responsabile dell'organismo trasmette altresì la proposta del mediatore di cui all'articolo 11 del decreto legislativo, su richiesta del giudice che provvede ai sensi dell'articolo 13 dello stesso decreto legislativo.

[4] L'organismo iscritto è obbligato a consentire, gratuitamente e disciplinandolo nel proprio regolamento, il tirocinio assistito di cui all'articolo 4, comma 3, lettera b).[60]

[5] L'organismo iscritto è obbligato a comunicare al Ministero della giustizia, alla fine di ogni trimestre, non oltre l'ultimo giorno del mese successivo alla scadenza del trimestre stesso, i dati statistici relativi alla attività di mediazione svolta.[61]

Art. 9

Effetti dell'iscrizione

[1] Il provvedimento di iscrizione é comunicato al richiedente con il numero d'ordine attribuito nel registro.

[2] A seguito dell'iscrizione, l'organismo e il mediatore designato non possono, se non per giustificato motivo, rifiutarsi di svolgere la mediazione.

[3] Dalla data della comunicazione di cui al comma 1, l'organismo é tenuto, negli atti, nella corrispondenza, nonché nelle forme di pubblicità consentite, a fare menzione del numero d'ordine.

[4] A far data dal secondo anno di iscrizione, entro il 31 marzo di ogni anno successivo, ogni organismo trasmette al responsabile il rendiconto della gestione su modelli predisposti dal Ministero e disponibili sul relativo sito internet.

---

[60] Comma aggiunto dall'art. 4 del D.M. 6 luglio 2011, n. 145, pubblicato sulla G.U. n. 197 del 25 agosto 2011.
[61] Comma aggiunto dall'art. 3 del D.M. 4 agosto 2014, n. 139, pubblicato sulla G.U. n. 221 del 23 settembre 2014.

Art. 10

Sospensione e cancellazione dal registro

[1] Se, dopo l'iscrizione, sopravvengono o risultano nuovi fatti che l'avrebbero impedita, ovvero in caso di violazione degli obblighi di comunicazione di cui agli articoli 8 e 20 o di reiterata violazione degli obblighi del mediatore, il responsabile dispone la sospensione e, nei casi più gravi, la cancellazione dal registro. Nel caso di cui all'articolo 8 comma 5, il responsabile dispone la sospensione per un periodo di dodici mesi dell'organismo che non ha comunicato i dati; ne dispone la cancellazione dal registro se l'organismo non provvede ad inviare i dati, inclusi quelli storici dei dodici mesi precedenti, entro i tre mesi successivi.[62]

[2] Fermo quanto previsto dal comma 1, il responsabile dispone altresì la cancellazione degli organismi che hanno svolto meno di dieci procedimenti di mediazione in un biennio.

[3] La cancellazione di cui ai commi 1 e 2 impedisce all'organismo di ottenere una nuova iscrizione, prima che sia decorso un anno.

[4] Spetta al responsabile, per le finalità di cui ai commi 1 e 2, l'esercizio del potere di controllo, anche mediante acquisizione di atti e notizie, che viene esercitato nei modi e nei tempi stabiliti da circolari o atti amministrativi equipollenti, di cui viene curato il preventivo recapito, anche soltanto in via telematica, ai singoli organismi interessati.

---

[62] Periodo aggiunto dall'art. 4 del D.M. 4 agosto 2014, n. 139, pubblicato sulla G.U. n. 221 del 23 settembre 2014.

Art. 11

Monitoraggio

[1] Il Ministero procede ogni sei mesi[63], anche attraverso i responsabili degli organismi e congiuntamente con il Ministero dello sviluppo economico per i procedimenti di mediazione inerenti gli affari in materia di rapporti di consumo, al monitoraggio statistico dei procedimenti di mediazione svolti presso gli organismi medesimi. I dati statistici vengono separatamente riferiti alla mediazione obbligatoria, volontaria e demandata dal giudice. Per ciascuna di tali categorie sono indicati i casi di successo della mediazione e i casi di esonero dal pagamento dell'indennità ai sensi dell'articolo 17, comma 5, del decreto legislativo.

[2] Il Ministero procede altresì alla raccolta, presso gli uffici giudiziari, dei dati relativi all'applicazione, nel processo, dell'articolo 13, comma 1, del decreto legislativo.

[3] I dati raccolti ai sensi dei commi 1 e 2 sono utilizzati anche ai fini della determinazione delle indennità spettanti agli organismi pubblici.

Capo III

Servizio di mediazione e prestazione del mediatore

---

[63] Comma modificato dall'art. 5 del D.M. 4 agosto 2014, n. 139, pubblicato sulla G.U. n. 221 del 23 settembre 2014.

Art. 12

Registro degli affari di mediazione

[1] Ciascun organismo é tenuto a istituire un registro, anche informatico, degli affari di mediazione, con le annotazioni relative al numero d'ordine progressivo, i dati identificativi delle parti, l'oggetto della mediazione, il mediatore designato, la durata del procedimento e il relativo esito.

[2] A norma dell'articolo 2961, primo comma, del codice civile, é fatto obbligo all'organismo di conservare copia degli atti dei procedimenti trattati per almeno un triennio dalla data della loro conclusione.

Art. 13

Obblighi di comunicazione al responsabile

[1] Il giudice che nega l'omologazione, provvedendo ai sensi dell'articolo 12 del decreto legislativo, trasmette al responsabile e all'organismo copia del provvedimento di diniego.

Art. 14

Natura della prestazione

[1] Il mediatore designato esegue personalmente la sua prestazione.

Art. 14-bis[64]

Incompatibilità e conflitto di interessi

[1] Il mediatore non può essere parte ovvero rappresentare o in ogni modo assistere parti in procedure di mediazione dinanzi all'organismo presso cui è iscritto o relativamente al quale è socio o riveste una carica a qualsiasi titolo; il divieto si estende ai professionisti soci, associati ovvero che esercitino la professione negli stessi locali.

[2] Non può assumere la funzione di mediatore colui il quale ha in corso ovvero ha avuto negli ultimi due anni rapporti professionali con una delle parti, o quando una delle parti è assistita o è stata assistita negli ultimi due anni da professionista di lui socio o con lui associato ovvero che ha esercitato la professione negli stessi locali; in ogni caso costituisce condizione ostativa all'assunzione dell'incarico di mediatore la ricorrenza di una delle ipotesi di cui all'articolo 815, primo comma, numeri da 2 a 6, del codice di procedura civile.

[3] Chi ha svolto l'incarico di mediatore non può intrattenere rapporti professionali con una delle parti se non sono decorsi almeno due anni dalla definizione del procedimento. Il divieto si estende ai professionisti soci, associati ovvero che esercitano negli stessi locali.

Art. 15

Divieti inerenti al servizio di mediazione

[1] Salvo quanto previsto dall'articolo 4, comma 2, lettera b), l'organismo non può assumere diritti e obblighi connessi con gli affari trattati dai mediatori che operano presso di sé, anche in virtù di accordi conclusi ai sensi dell'articolo 7, comma 2, lettera c).

---

[64] Articolo aggiunto dall'art. 6 del D.M. 4 agosto 2014, n. 139, pubblicato sulla G.U. n. 221 del 23 settembre 2014.

Capo IV

Indennità

Art. 16

Criteri di determinazione dell'indennità

[1] L'indennità comprende le spese di avvio del procedimento e le spese di mediazione.

[2] Per le spese di avvio, a valere sull'indennità complessiva, é dovuto da ciascuna parte per lo svolgimento del primo incontro un importo di euro 40,00 per le liti di valore fino a 250.000,00 euro e di euro 80,00 per quelle di valore superiore, oltre alle spese vive documentate, che è versato dall'istante al momento del deposito della domanda di mediazione e dalla parte chiamata alla mediazione al momento della sua adesione al procedimento. L'importo è dovuto anche in caso di mancato accordo.[65]

[3] Per le spese di mediazione é dovuto da ciascuna parte l'importo indicato nella tabella A allegata al presente decreto.

[4] L'importo massimo delle spese di mediazione per ciascun scaglione di riferimento, come determinato a norma della medesima tabella A:
   a) può essere aumentato in misura non superiore a un quinto tenuto conto della particolare importanza, complessità o difficoltà dell'affare;
   b) deve essere aumentato in misura non superiore a *un quarto*[66] in caso di successo della mediazione;

---

[65] Comma modificato dall'art. 7 del D.M. 4 agosto 2014, n. 139, pubblicato sulla G.U. n. 221 del 23 settembre 2014.

c) deve essere aumentato di un quinto nel caso di formulazione della proposta ai sensi dell'articolo 11 del decreto legislativo;
d) nelle materie di cui all'articolo 5, comma 1-bis e comma 2^{67}, del decreto legislativo, deve essere ridotto di un terzo per i primi sei scaglioni, e della metà per i restanti, salva la riduzione prevista dalla lettera e) del presente comma, e non si applica alcun altro aumento tra quelli previsti dal presente articolo a eccezione di quello previsto dalla lettera b) del presente comma;[68]
e) deve essere ridotto a euro quaranta per il primo scaglione e ad euro cinquanta per tutti gli altri scaglioni, ferma restando l'applicazione della lettera c) del presente comma[69] quando nessuna delle controparti di quella che ha introdotto la mediazione, partecipa al procedimento.

[5] Si considerano importi minimi quelli dovuti come massimi per il valore della lite ricompreso nello scaglione immediatamente precedente a quello effettivamente applicabile; l'importo minimo relativo al primo scaglione é liberamente determinato.

[6] Gli importi dovuti per il singolo scaglione non si sommano in nessun caso tra loro.

[7] Il valore della lite é indicato nella domanda di mediazione a norma del codice di procedura civile.

[8] Qualora il valore risulti indeterminato, indeterminabile, o vi sia una notevole divergenza tra le parti sulla stima, l'organismo decide il valore di riferimento, sino al limite di euro 250.000, e lo comunica alle

---

[66] Modificato dall'art. 5, comma 1, lett. a) del D.M. 6 luglio 2011, n. 145, pubblicato sulla G.U. n. 197 del 25 agosto 2011.
[67] Modificato dall'art. 7 del D.M. 4 agosto 2014, n. 139, pubblicato sulla G.U. n. 221 del 23 settembre 2014.
[68] Lettera modificata dall'art. 5, comma 1, lett. b) del D.M. 6 luglio 2011, n. 145, pubblicato sulla G.U. n. 197 del 25 agosto 2011.
[69] Modificato dall'art. 5, comma 1, lett. c) del D.M. 6 luglio 2011, n. 145, pubblicato sulla G.U. n. 197 del 25 agosto 2011.

parti. In ogni caso, se all'esito del procedimento di mediazione il valore risulta diverso, l'importo dell'indennità è dovuto secondo il corrispondente scaglione di riferimento.[70]

[9] Le spese di mediazione sono corrisposte prima dell'inizio del primo incontro di mediazione in misura non inferiore alla metà. Il regolamento di procedura dell'organismo può prevedere che le indennità debbano essere corrisposte per intero prima del rilascio del verbale di accordo di cui all'articolo 11 del decreto legislativo. In ogni caso, nelle ipotesi di cui all'articolo 5, comma 1, del decreto legislativo, l'organismo e il mediatore non possono rifiutarsi di svolgere la mediazione.[71]

[10] Le spese di mediazione comprendono anche l'onorario del mediatore per l'intero procedimento di mediazione, indipendentemente dal numero di incontri svolti. Esse rimangono fisse anche nel caso di mutamento del mediatore nel corso del procedimento ovvero di nomina di un collegio di mediatori, di nomina di uno o più mediatori ausiliari, ovvero di nomina di un diverso mediatore per la formulazione della proposta ai sensi dell'articolo 11 del decreto legislativo.

[11] Le spese di mediazione indicate sono dovute in solido da ciascuna parte che ha aderito al procedimento.

[12] Ai fini della corresponsione dell'indennità, quando più soggetti rappresentano un unico centro d'interessi si considerano come un'unica parte.

[13] Gli organismi diversi da quelli costituiti dagli enti di diritto pubblico interno stabiliscono gli importi di cui al comma 3, ma restano fermi gli importi fissati dal comma 4, lettera d), per le materie di cui

---

[70] Comma modificato dall'art. 5, comma 1, lett. d) del D.M. 6 luglio 2011, n. 145, pubblicato sulla G.U. n. 197 del 25 agosto 2011.
[71] Periodo aggiunto dall'art. 5, comma 1, lett. e) del D.M. 6 luglio 2011, n. 145, pubblicato sulla G.U. n. 197 del 25 agosto 2011.

all'articolo 5, comma 1, del decreto legislativo. Resta altresì ferma ogni altra disposizione di cui al presente articolo.

[14] Gli importi minimi delle indennità per ciascun scaglione di riferimento, come determinati a norma della tabella A allegata al presente decreto, sono derogabili.[72]

Capo V

Enti di formazione e formatori

Art. 17

Elenco degli enti di formazione

[1] É istituito l'elenco degli enti di formazione abilitati a svolgere l'attività di formazione dei mediatori.

[2] L'elenco é tenuto presso il Ministero nell'ambito delle risorse umane, finanziarie e strumentali già esistenti presso il Dipartimento per gli affari di giustizia; ne é responsabile il direttore generale della giustizia civile, ovvero persona da lui delegata con qualifica dirigenziale o con qualifica di magistrato[73] nell'ambito della direzione generale. Il direttore generale della giustizia civile, al fine di esercitare la vigilanza, si può avvalere dell'Ispettorato generale del Ministero della giustizia.[74]

---

[72] Comma aggiunto dall'art. 5, comma 1, lett. f) del D.M. 6 luglio 2011, n. 145, pubblicato sulla G.U. n. 197 del 25 agosto 2011.
[73] Modificato dall'art. 1, comma 2, lett. a) del D.M. 6 luglio 2011, n. 145, pubblicato sulla G.U. n. 197 del 25 agosto 2011.
[74] Periodo aggiunto dall'art. 1, comma 2, lett. b) del D.M. 6 luglio 2011, n. 145, pubblicato sulla G.U. n. 197 del 25 agosto 2011.

[3] L'elenco é articolato in modo da contenere almeno le seguenti annotazioni:
   parte I): enti pubblici;
      sezione A: elenco dei formatori;
      sezione B: elenco dei responsabili scientifici;
   parte II): enti privati;
      sezione A: elenco dei formatori;
      sezione B: elenco dei responsabili scientifici;
      sezione C: elenco dei soci, associati, amministratori, rappresentanti degli enti.

[4] Il responsabile cura il continuo aggiornamento dei dati.

[5] La gestione dell'elenco avviene con modalità informatiche che assicurano la possibilità di rapida elaborazione di dati con finalità connessa ai compiti di tenuta di cui al presente decreto.

[6] Gli elenchi dei formatori e dei responsabili scientifici sono pubblici; l'accesso alle altre annotazioni é regolato dalle vigenti disposizioni di legge.

Art. 18

Criteri per l'iscrizione nell'elenco

[1] Nell'elenco sono iscritti, a domanda, gli organismi di formazione costituiti da enti pubblici e privati.

[2] Il responsabile verifica l'idoneità dei richiedenti e, in particolare:
   a) la capacità finanziaria e organizzativa del richiedente, nonché la compatibilità dell'attività di formazione con l'oggetto sociale o lo scopo associativo; ai fini della dimostrazione della capacità finanziaria, il richiedente deve possedere un capitale non inferiore a 10.000,00 euro[75];

b) i requisiti di onorabilità dei soci, associati, amministratori o rappresentanti dei predetti enti, conformi a quelli fissati dall'articolo 13 del decreto legislativo 24 febbraio 1998, n. 58;
c) la trasparenza amministrativa e contabile dell'ente, ivi compreso il rapporto giuridico ed economico tra l'organismo e l'ente di cui eventualmente costituisca articolazione interna al fine della dimostrazione della necessaria autonomia finanziaria e funzionale;
d) il numero dei formatori, non inferiore a cinque, che svolgono l'attività di formazione presso il richiedente;
e) la sede dell'organismo, con l'indicazione delle strutture amministrative e logistiche per lo svolgimento dell'attività didattica;
f) la previsione e la istituzione di un percorso formativo, di durata complessiva non inferiore a 50 ore, articolato in corsi teorici e pratici, con un massimo di trenta partecipanti per corso, comprensivi di sessioni simulate partecipate dai discenti, e in una prova finale di valutazione della durata minima di quattro ore, articolata distintamente per la parte teorica e pratica; i corsi teorici e pratici devono avere per oggetto le seguenti materie: normativa nazionale, comunitaria e internazionale in materia di mediazione e conciliazione, metodologia delle procedure facilitative e aggiudicative di negoziazione e di mediazione e relative tecniche di gestione del conflitto e di interazione comunicativa, anche con riferimento alla mediazione demandata dal giudice, efficacia e operatività delle clausole contrattuali di mediazione e conciliazione, forma, contenuto ed effetti della domanda di mediazione e dell'accordo di conciliazione, compiti e responsabilità del mediatore;
g) la previsione e l'istituzione di un distinto percorso di aggiornamento formativo, di durata complessiva non inferiore a

---

[75] Modificato dall'art. 7 del D.M. 4 agosto 2014, n. 139, pubblicato sulla G.U. n. 221 del 23 settembre 2014.

18 ore biennali, articolato in corsi teorici e pratici avanzati, comprensivi di sessioni simulate partecipate dai discenti ovvero, in alternativa, di sessioni di mediazione; i corsi di aggiornamento devono avere per oggetto le materie di cui alla lettera f);
h) che l'esistenza, la durata e le caratteristiche dei percorsi di formazione e di aggiornamento formativo di cui alle lettere f) e g) siano rese note, anche mediante la loro pubblicazione sul sito internet dell'ente di formazione;
i) l'individuazione, da parte del richiedente, di un responsabile scientifico di chiara fama ed esperienza in materia di mediazione, conciliazione o risoluzione alternativa delle controversie, che attesti la completezza e l'adeguatezza del percorso formativo e di aggiornamento.

[3] Il responsabile verifica altresì:
a) i requisiti di qualificazione dei formatori, i quali devono provare l'idoneità alla formazione, attestando: per i docenti dei corsi teorici, di aver pubblicato almeno tre contributi scientifici in materia di mediazione, conciliazione o risoluzione alternativa delle controversie; per i docenti dei corsi pratici, di aver operato, in qualità di mediatore, presso organismi di mediazione o conciliazione in almeno tre procedure; per tutti i docenti, di avere svolto attività di docenza in corsi o seminari in materia di mediazione, conciliazione o risoluzione alternativa delle controversie presso ordini professionali, enti pubblici o loro organi, università pubbliche o private riconosciute, nazionali o straniere, nonché di impegnarsi a partecipare in qualità di discente presso i medesimi enti ad almeno 16 ore di aggiornamento nel corso di un biennio;
b) il possesso, da parte dei formatori, dei requisiti di onorabilità previsti dall'articolo 4, comma 3, lettera c).

Art. 19

Procedimento d'iscrizione e vigilanza

[1] Al procedimento di iscrizione nell'elenco, alla tenuta dello stesso, alla sospensione e alla cancellazione degli iscritti si applicano gli articoli 5, 6, 8, 9, 10 e 12, in quanto compatibili.

Capo VI

Disciplina transitoria ed entrata in vigore

Art. 20

Disciplina transitoria

[1] Si considerano iscritti di diritto al registro gli organismi già iscritti nel registro previsto dal decreto del Ministro della giustizia 23 luglio 2004, n. 222. Salvo quanto previsto dal comma 2, il responsabile, dopo aver provveduto all'iscrizione di cui al periodo precedente,[76] verifica il possesso in capo a tali organismi dei requisiti previsti dall'articolo 4 e comunica agli stessi le eventuali integrazioni o modifiche necessarie. Se l'organismo ottempera alle richieste del responsabile entro trenta giorni dal ricevimento della comunicazione, l'iscrizione si intende confermata; in difetto di tale ottemperanza, l'iscrizione si intende decaduta.

[2] I mediatori abilitati a prestare la loro opera presso gli organismi di cui al comma 1 devono acquisire, entro dodici mesi dalla data di entrata in vigore del presente decreto, i requisiti anche formativi in esso previsti

---

[76] Periodo aggiunto dall'art. 6, comma 1, lett. a) del D.M. 6 luglio 2011, n. 145, pubblicato sulla G.U. n. 197 del 25 agosto 2011.

per l'esercizio della mediazione o, in alternativa, attestare di aver svolto almeno venti procedure di mediazione, conciliazione o negoziazione volontaria e paritetica, in qualsiasi materia, di cui almeno cinque concluse con successo anche parziale. Gli stessi mediatori, fino alla scadenza dei dodici mesi di cui al periodo precedente, possono continuare a esercitare l'attività di mediazione. Dell'avvenuta acquisizione dei requisiti gli organismi di cui al comma 1 danno immediata comunicazione al responsabile.[77]

[3] Si considerano iscritti di diritto all'elenco gli enti abilitati a tenere i corsi di formazione, già accreditati presso il Ministero ai sensi del decreto del Ministro della giustizia 23 luglio 2004, n. 222. Salvo quanto previsto dal comma 4, il responsabile, dopo aver provveduto all'iscrizione di cui al periodo precedente,[78] verifica il possesso in capo a tali enti dei requisiti previsti dall'articolo 18 e comunica agli stessi le eventuali integrazioni o modifiche necessarie. Se l'ente ottempera alle richieste del responsabile entro trenta giorni dal ricevimento della comunicazione, l'iscrizione si intende confermata; in difetto di tale ottemperanza, l'iscrizione si intende decaduta.

[4] I formatori abilitati a prestare la loro attività presso gli enti di cui al comma 3 devono acquisire, entro dodici mesi dalla data di entrata in vigore del presente decreto, i requisiti di aggiornamento indicati nell'articolo 18. Gli stessi formatori, fino alla scadenza dei dodici mesi di cui al periodo precedente, possono continuare a esercitare l'attività di formazione. Dell'avvenuto aggiornamento gli enti di cui al comma 3 danno immediata comunicazione al responsabile.[79]

---

[77] Comma modificato dall'art. 6, comma 1, lett. b) del D.M. 6 luglio 2011, n. 145, pubblicato sulla G.U. n. 197 del 25 agosto 2011.
[78] Periodo aggiunto dall'art. 6, comma 1, lett. c) del D.M. 6 luglio 2011, n. 145, pubblicato sulla G.U. n. 197 del 25 agosto 2011.
[79] Comma modificato dall'art. 6, comma 1, lett. d) del D.M. 6 luglio 2011, n. 145, pubblicato sulla G.U. n. 197 del 25 agosto 2011.

Art. 21

Entrata in vigore

[1] Il presente decreto entra in vigore il giorno successivo a quello della sua pubblicazione nella Gazzetta Ufficiale della Repubblica italiana.

Il presente decreto, munito del sigillo dello Stato, sarà inserito nella Raccolta ufficiale degli atti normativi della Repubblica italiana. É fatto obbligo a chiunque spetti di osservarlo e di farlo osservare.

Tabella A
(articolo 16, comma 4)

Valore della lite	Spesa (per ciascuna parte)
Fino a Euro 1.000	Euro 65
da Euro 1.001 a Euro 5.000	Euro 130
da Euro 5.001 a Euro 10.000	Euro 240
da Euro 10.001 a Euro 25.000	Euro 360
da Euro 25.001 a Euro 50.000	Euro 600
da Euro 50.001 a Euro 250.000	Euro 1.000
da Euro 250.001 a Euro 500.000	Euro 2.000
da Euro 500.001 a Euro 2.500.000	Euro 3.800
da Euro 2.500.001 a Euro 5.000.000	Euro 5.200
oltre Euro 5.000.000	Euro 9.200

Prassi

Circolare 4 aprile 2011 - Regolamento di procedura e requisiti dei mediatori. Chiarimenti

**Ministero della Giustizia
Dipartimento per gli affari di giustizia
IL DIRETTORE GENERALE DELLA GIUSTIZIA CIVILE**

…...

In sede di concreta attuazione dell'attività di tenuta del registro degli organismi di mediazione, si ritiene necessario dare specifica indicazione su alcuni profili problematici inerenti la corretta applicazione delle previsioni contenute nel d.lgs.28/2010 nonché nel decreto interministeriale 180/2010.

In materia di regolamento di procedura: la conclusione del procedimento di mediazione

Preme evidenziare che si ritiene non corretto l'inserimento, nel regolamento di procedura di un organismo di mediazione, di una previsione secondo la quale, ove l'incontro fissato del responsabile dell'organismo non abbia avuto luogo perché la parte invitata non abbia tempestivamente espresso la propria adesione ovvero abbia comunicato espressamente di non volere aderire e l'istante abbia dichiarato di non volere comunque dare corso alla mediazione, la segreteria dell'organismo possa rilasciare, in data successiva a quella inizialmente fissata, una dichiarazione di conclusione del procedimento per mancata adesione della parte invitata.

Una siffatta previsione non può, infatti, essere considerata conforme alla disciplina normativa in esame nei casi di operatività della condizione di procedibilità di cui all'art.5 del d.lgs.28/2010.

L'inserimento di tale previsione nel regolamento di procedura di un organismo di mediazione non può che essere ritenuta in contrasto con la norma primaria (art.5 del d.lgs 28/2010) che esige che, per determinate materie, deve essere preliminarmente esperito il procedimento di mediazione: il che postula che si compaia effettivamente dinanzi al mediatore designato, il quale solo può constatare la mancata comparizione della parte invitata e redigere il verbale negativo del tentativo di conciliazione.

La mediazione obbligatoria è tale proprio in quanto deve essere esperita anche in caso di mancata adesione della parte invitata e non può, quindi, dirsi correttamente percorsa ove l'istante si sia rivolto ad un organismo di mediazione ed abbia rinunciato, a seguito della ricezione della comunicazione di mancata adesione della parte invitata, alla mediazione.

Ove, invece, si ritenesse legittima tale previsione regolamentare, si produrrebbe l'effetto, non consentito, di un aggiramento della previsione che ha imposto l'operatività della condizione di procedibilità per talune materie.

In realtà, in tale caso, deve ritenersi che il rilascio da parte della segreteria di un organismo della dichiarazione di conclusione del procedimento non può assurgere ad atto valido ed efficace ai fini dell'assolvimento dell'onere di esperire previamente il tentativo di conciliazione; ciò, in quanto la mancata comparizione anche del solo istante, dinanzi al mediatore, impedisce di ritenere correttamente iniziato e proseguito il procedimento di mediazione.

A dare ulteriore conforto a tale impostazione è la circostanza che ai sensi dell'art.11 del d.lgs.28/2010 e dell'art.7 del d.m. 180/2010, il mediatore può formulare la proposta anche in caso di mancata partecipazione di una o più parti al procedimento di mediazione; in ogni caso, è il mediatore che deve verificare se effettivamente la controparte non si presenti, essendo tale comportamento valutabile dal giudice nell'effettivo successivo giudizio, ai sensi dell'art.8, comma quinto, del d.lgs. 28/2010.

E', inoltre, rilevante considerare che, nel corso del procedimento di mediazione, il mediatore potrebbe ragionare con l'unica parte presente sul ridimensionamento o sulla variazione della sua pretesa da comunicare all'altra parte come proposta dello stesso soggetto in lite e non del mediatore.

In conclusione: la previsione, per talune materie, di una condizione di procedibilità comporta che la mediazione debba essere effettivamente esperita dinanzi al mediatore, sia pure con le modalità sopra indicate, con la conseguenza che, per ritenersi esperita la condizione di procedibilità, l'unico soggetto legittimato secondo legge a redigere il verbale di esito negativo della mediazione è il mediatore e non la segreteria dell'organismo di mediazione.

Ai fini, quindi, della corretta applicazione delle previsioni normative di riferimento, questa direzione, nell'esercizio dei propri poteri di vigilanza, invita gli organismi di mediazione ad adeguarsi alla presente circolare nei sensi di cui sopra, limitando alla sola fattispecie della mediazione volontaria l'applicazione di una eventuale previsione del regolamento di procedura che abbia contenuto analogo a quello preso in esame.

www.ingramcontent.com/pod-product-compliance
Lightning Source LLC
Chambersburg PA
CBHW072234170526
45158CB00002BA/892